입사 후
빠르게 성장하는
세무사무소
오리엔테이션
비밀파일

세무사무소에 취업했어요
뭘 알고 가야하나요?

taxmadre@gmail.com

텍스마드레(세무실무자)

문라이트 A&T 대표 (세무실무 교육기관)
세무 실무 코칭 문라이트 1, 2, 3기 운영
(주)와캠퍼스 제휴 강사 | 클래스 101 제휴 강사 | 네이버 엑스퍼트 전문가

세무사무실 근무(2005~2023년)
(주)와캠퍼스 자문의원(2022~2023년)
혜움아카데미 콘텐츠 마케팅&기획 운영업무(2022~2023년)
회계마스터 카페 현직멘토 멘토링(2022년)
커피챗 파트너 활동☺/ 세무사무원분야☺/ 엑스퍼트(2022~2023년)

경기도형 도제학교 특성화고 학생 교육(2023년)
한국세무사회 TV '세무사사무소 취업하기 꿀정보' 편 출연(2023년)

SNS '택스마드레와 함께 야근 적게하는 세무대리인 되기' 운영
· 유튜브(세무사사무실 실무 주제로 총 67개 콘텐츠 발행)
· 블로그(세무사사무실 실무 주제로 300개 콘텐츠 발행)

저서 (스마트스토어)
· 신입사무원을 위한 업무지침서 '나의 세무업무 해방일지' vol.1

전자책 (크몽)
· 현직 세무사무원이 알려주는 '세무사사무실 취업성공 오리엔테이션'
· 현직 세무사무원이 알려주는 '프로일잘러가 되어 이직 성공하는법'

※ 와캠퍼스 강의
· 16년 차 한우물 세무 사무원이 푸는 업계의 비밀(세무사무원 1~3년차 역량 강화 가이드)
· 은퇴시기 스스로 정하는 무기 만드는 방법(세무사무원 10년차 업무 역량 강화 가이드)
· 16년 차 업무 노하우 나에게로 전송ing 워라밸 지켜줄게!(매월 세무업무 비밀 매뉴얼)
· 세무냐 회계냐, 17년 차 팀장에게 묻다(세무 VS 회계 맞대결)
· 세무 뉴비를 위한 기초용어 50선(일하면서 꼭 필요한 세무 용어 50선)
· 세무-커리어 스타터 패키지(꼼꼼 원천세&4대보험 신고 완전정복)
· 중소기업경리담당자를 위한 연말정산 기초지식

※ 웨비나 강의
· 법인결산을 위한 효율적인 통장정리
· 종합소득세 국세청 안내문 읽어보기
· N잡러, 1인기업가가 알아야할 세금

※ 함양교육행정원 온라인 연수
· 직장인을 위한 연말정산절세방법

입사 후 빠르게 성장하는
세무사무소 오리엔테이션 **비밀파일**

1판 1쇄 인쇄 | 2024년 4월 20일
1판 1쇄 발행 | 2024년 4월 25일

지은이 | 택스마드레
펴낸이 | 최성준
펴낸곳 | 나비소리
책임편집 | 나비
교정교열 | 배지은
전자책 제작 | 모카
종이책 제작 | 갑우문화사
등록 | 제2021-000063호
주소 | 수원시 팔달구 효원로 249번길 46-15
전화 | 070-4025-8193
팩스 | 02-6003-0268
ISBN | 979-11-92624-81-5(13320)

홈페이지 | https://nabisori.modoo.at
스토어 | www.nabisori.shop
인스타그램 | @nabisoribaby
메일 | nabi_sori@daum.net

입사 후 빠르게 성장하는

세무사무소 오리엔테이션 비밀파일

들어가면서

"안녕하세요 세무사무실 합격한 신입입니다."
"일주일 뒤면 출근인데 그동안 혹시 어떤 공부를 하면 좋을까요?"

이 책은 세무사무실 취업의 문턱을 넘은 한 예비 신입 세무사무원님의 질문에서 시작되었습니다. 세무사무실 관련 블로그를 운영하다 보니 취업준비생, 직장인 등 이 업종에 관심 있는 분들로부터 다양한 질문을 받게 됩니다. 그중에서도 예비 입사자 분의 질문에는 좀 더 마음이 가더라고요. 그 이유를 생각해 보니 아마 '저의 신입 시절'이 떠올랐기 때문인 것 같아요.

저는 두 번이나 취업의 실패를 경험했었습니다. 한 회사는 분명히 공고를 보고 면접을 보고 들어갔지만 회사가 아니었어요. 4대 보험도 안될뿐더러 저에게 본인의 프리랜서 일을 재하청을 주는 거였더라고요. 그다음 회사는 일은 공고와 다르지 않았고 사무실도 꽤 번듯했습니다. 그런데 돈이 없어서 월급을 미루는 걸 보고 바로 나왔죠. 회사는 정말 다녀봐야 알 수 있다는 말을 그때 실감했습니다.

그 후 '마지막이다'라는 생각으로 세무사무원으로 업을 전환했습니다. 여기만큼은 좋은 회사이길 바랐고, 잘리지 않고 잘 다니고 싶었습니다. 또 실패하고 싶지 않았으니까요. 그렇게 저는 첫 신입 시절의 관문을 무사히 넘기고 15년 동안 근속하게 됩니다. 제가 나중에 알게 된 사실이 있는데, 제 사수는 늘 바쁠 때만 막내 직원을 뽑아서 쓰다가 바쁜 일이 지나면 잘라버리는 스타일의 상사였습니다.

그런 상황에서 저는 어떻게 신입 시절을 보냈을까요? 신입 시절 우당탕탕 혼나고 눈치 없다는 소리를 들으면서 하나씩 익혀 나갔습니다. 행동하면 지적을 당했고 기본 베이스가 없어서 실수도 참 많이 했죠. 하지만 시간이 지나고 보니 미리 알려주셨다면 교정할 수 있었던 것들도 분명히 있었답니다. 누군가 내게 미리 귀띔이라도 해주었더라면 어땠을까요?

이 생각은 꼬리에 꼬리를 물어, '왜 세무사무실은 신입사원들에게 기초 교육을 해주지 않을까?'라는 생각으로 이어졌습니다. 세무사무실의 일은 '세금 신고'라는 정해져 있는 틀이 존재하는 직업입니다. 그래서 사무실마다 하는 일과 예절 등이 겹치는 경우가 많죠. 그렇기에 기초 업무는 충분히 매뉴얼화할 수 있답니다. 그래서 블로그에 남겨주시는 질문 중에서 사소해 보일지라도 회사생활을 하는 데 꼭 필요한 정보를 담아서 오리엔테이션 북을 만들게 되었답니다.

내 커리어의 첫 발걸음인 회사생활을 어떻게 시작해야 할까 …?

어떻게 공부를 해야 할까 …?

무엇을 알고 가야 회사생활에 도움이 될까?

이런 고민을 하시는 분들께 먼저 신입의 길을 탈출한 업계의 선배로서 팁을 드리고 싶었습니다. 이런 생각을 담아 집필하게 된 저의 첫 책은 '세무사무실 취업성공 오리엔테이션'이라는 전자책으로 2022년도 9월에 선보이게 되었습니다. 수많은 세무사무원 중 한 명인 제 개인의 생각으로 집필하게 된 전자책은 감사하게도 제가 생각했던 것보다 많은 사랑을 받았습니다.

이 오리엔테이션이 필요할 것이라고 생각한 신입분들은 물론, 세무사무실, 회계법인 등에도 판매가 이뤄지는 것을 보았습니다. 그 경험을 통해 저는 '아, 내가 생각했던 이 교육이 정말 필요했었구나!'라는 것을 확신했습니다. 그래서 이번 책에서는 기존의 '취업성공 오리엔테이션 북'에서 다루었던 변하지 않는 중요한 기초 회사생활 TIP은 물론, 입사하자마자 배우게 될 업무들에 대해서도 조금 더 상세하게 담아 보았습니다. 그리고 그간 전자책을 통해서 만나 뵀던 신입, 1년 차 미만 친구들이 회사에 입사해서 가장 힘들게 생각하던 거래처 파악하기와 고객 응대 부분을 중점적으로 보강하여 넣었으니 일하는데 더 많은 도움이 되실 거예요.

그럼 같이 시작해 볼까요?

택스마드레

· **세무** : 세금을 매기고 거두어 들이는 일에 관한 사무를 말해요(*네이버 어학사전). 세무회계
사무실에서 "세무일을 한다" 라는 건 세금을 계산하고 납부서를 만드는 일이라고 보
면 되어요.

· **국세** : 국민을 위해서 사용되는 세금으로, 나라에 내는 세금을 뜻해요. 세무회계사무실에서
는 사업자분들의 국세 중 부가세, 법인세, 소득세 계산하는 일을 주로 합니다.

· **지방세** : 지방자치단체가 그 주민에게 물리는 세금으로, 주로 관할 구청이나 시청에서 납세
자에게 고지가 됩니다. 세무회계사무실에서 작성하는 지방세는 소득세, 법인세의
10% 관련 지방소득세 납부서 만드는 일을 합니다.

· **국세청** : 우리나라의 세금신고서 접수, 신고내역, 체납내역 등을 관리 하는 곳입니다. 세무회
계사무실에서는 사업자분들의 세금신고서를 국세청(세무서)에 신고 합니다.

· **홈택스** : 온라인 국세청입니다. 세금신고, 체납내역, 신고내용 등이 조회가 가능하고, 출력도
가능합니다.

· **위택스** : 지방세를 관리하는 온라인 사이트입니다. 지방세 관련 업무들을 할 수 있어요.

· **거래처** : 세무회계사무실에 세금신고를 의뢰하는 사업자분들을 내부 직원들끼리 부르는 용
어입니다.

· **기장대리** : 세무회계 사무실에서 세금신고를 의뢰하시는 거래처 중 매달 수수료를 내시는분
들을 말해요.

· **기장·장부·결산** : 주로 업무지시를 받을 때 듣는 말인데요. 기장해라, 장부해라, 결산해라,
라는 말은 거래처의 수입과 지출을 적고 마감하여 계산하라는 뜻입니다.
세무사무원은 세금신고를 하기 위해서 재무제표라는 것을 만들어야 하는
데요. 재무제표를 만드는 과정을 의미합니다.

· **기장료** : 기장 대리업체가 매월 세무회계사무실에 주는 돈을 말합니다.

· **조정료** : 법인사업자 3월, 개인사업자 5월 세무조정이라는 것을 하는데요. 세무조정 후 거래
처에 청구하는 수수료를 말해요. 회사마다 조정료를 계산하는 조정료 보수표라는
게 있습니다. 외형에 따라 청구하는 금액이 달라요. 주로 외형에 비례하여 계산된
금액을 거래처에 청구합니다.

· **법인사업자** : 주주들이 모여 자본금을 만들고, 회사를 설립하는 형태의 사업자를 말합니다.

· **개인사업자** : 직장인이 아니라, 개인이름을 걸고 본인사업을 하는 사람을 자영업자, 개인사업자라고 해요.

· **임대차계약서** : 사업을 할 때 사무실이 필요하다면 사무실을 임대하고 쓰는 계약서를 말해요.

· **휴업** : 사업자가 있는 상태에서 잠시 사업을 중지하는 것을 말해요. 국세청에 휴업신청하면 가능하며 휴업기간에는 사업을 하면 안되요.

· **폐업** : 사업을 하다가, 더 이상 사업을 하지 않는 것을 말해요. 폐업을 한다고 국세청에 신고를 하면 폐업한 사업자로는 더 이상 사업을 할 수 없어요.

· **민원서류** : 세금관련 증명 서류들을 통틀어서 일컫는 말입니다. 거래처에서 요청하는 민원서류는 2가지로 나눠지는데요. 홈택스에서 뗄 수 있는 민원서류, 내부 대표세무사님의 직인이 찍힌 민원서류 두가지가 있어요.

· **매출** : 물건이나 서비스를 파는 금액을 말해요.

· **매입** : 물건이나 서비스를 사는 금액을 말해요

· **세율** : 세금을 내는 %를 말합니다. 우리나라의 세금은 세금을 내야하는 금액에 세율(몇%)을 곱하여서 계산을 하는 방식으로 되어 있어요. 돈을 많이 벌면 벌수록 세율이 높아진다고 이야기 합니다.

· **과세표준** : 과세(세금을 계산하는)기준이 되는 숫자(금액)를 말합니다. 부가세 과세표준이 얼마야? 소득세 과세표준이 얼마야? 라는 용어를 자주 써요.

· **부가가치세** : 물건에 부가하는 가치에 대하여 매기는 세금을 이야기 해요. 물건을 사는 사람이 파는 사람에게 주는 금액입니다. 일반적으로 부가세라고 하면 물건값의 10%라고 인식합니다.

· **부가세납부액** : 사업주가 물건을 팔면서 받은 10%의 부가세에서, 물건을 사면서 지불한 10%의 금액을 제외하고 매번 부가세 신고때 마다 납부해야할 세금을 이야기 합니다. 세무회계사무실에서 부가세 신고기간에 이 납부금액을 구하는일을 해요.

· **일반과세자** : 개인사업자 중에 부가세를 10% 내는 사업자를 말해요.

· **간이과세자** : 개인사업자 중에서 부가세를 10%를 안내도 되는게 합법적인 사업자를 말해요. 나라가 정하는 과세구간, 업종별로 개인사업자가 간이과세자를 선택할수도 있고 선택할수 없는 업종도 있답니다.

· **적격증빙** : 사업자가 거래를 했을 때, 증빙(신빙성 있는 근거자료)으로 인정 받을 수 있는 것을 말해요. 주된 적격증빙으로는 세금계산서, 계산서, 신용카드, 현금영수증이 있습니다.

· **세금계산서** : 사업자들끼리 물건을 사고팔 때, 그 거래를 증명하는 증빙의 이름입니다.

· **공급가액** : 물건의 값을 말해요.

· **세액** : 물건값의 10%인 부가세를 말해요.

· **면세** : 물건이나 서비스를 사고 팔아도, 부가세를 주고 받지 않아도 되는 거래를 말해요. 주된 면세로는 병원, 학원, 주택임대 등이 있어요.

· **계산서** : 면세사업자와 거래를 했을 때, 그 거래를 증명하는 증빙의 이름입니다. 계산서에는 부가세가 없습니다.

· **사업용신용카드** : 회사의 사업용으로 쓰는 신용카드를 말해요. 법인은 카드를 만들면 무조건 법인사업용 신용카드로 인식합니다. 홈택스에서도 자동 등록이 되요. 개인 사업자의 경우는 카드별로 사업용 신용카드를 선택하여 지정할 수 있으며 홈택스에 등록하면 신용카드 부가세세액 공제 받기가 편리합니다.

· **지출증빙 현금영수증** : 현금으로 거래를 하고 주고 받는 영수증을 말해요. 현금영수증은 근로자도 받을 수 있고, 사업자도 받을 수 있는데요. 세무 업무에는 거래처 사장님들이 지출증빙용(사업자번호로 발급) 현금영수증을 잘 받아오시는지 점검을 하고 받아오신 영수증은 경비로 입력하여 세금을 줄여드립니다.

· **공제 불공제** : 사업자의 세금을 신고할 때, 공제를 받을 수 있냐? 공제를 받을 수 없냐? 를 뜻하는 용어입니다. 즉 세금에서 줄어드냐, 줄어들지 않느냐에 대한 세법상 기준인데요. 부가세 공제 불공제와 소득세 공제 불공제의 의미가 다릅니다.

· **증빙불비** : 증빙을 받았으나, 경비로 인정받을 수 없는 증빙자료들을 말해요.

· **계정과목** : 거래의 내용을 기록하기 위한 회계상으로 약속한 용어를 말해요. 어떤 거래처를 기장하더라도 약속된 계정과목으로 분류하여 입력을 합니다.

· **과세기간** : 세금이 부과되는 기간을 말해요

· **귀속년도** : 매출, 매입, 인건비 등이 발생한 년도를 말합니다.

· **당기순이익** : 회사에서 한 해에 번 돈(순이익)을 의미합니다.

· **소득률** : 사업자의 매출에 대비하여 몇 %정도 수익이 나는지를 말하는 용어예요. 당기순이익에서 총매출을 나누어 구할 수 있어요. 세금신고를 할 때, 거래처 사장님들에게 세금안내를 드릴때 많이 등장하는 용어입니다.

· **원천세** : 회사에서 인력을 쓰고 주시는 인건비에서 공제하는 세금을 말해요.

· **4대보험** : 직원채용시 의무적으로 가입해야하는 보험을 말해요. 4대보험은 국민연금, 국민건강보험, 고용보험, 산재보험을 말해요. 4대보험을 관리하는곳을 4대보험 공단이라고 합니다.

· **세전금액** : 회사에서 일하는 분들이 보수로 얼마를 받겠다고 계약한 금액을 말해요.

· **세후금액** : 회사와 받기로 약속한 보수에서 ①근로자는 4대보험, 소득세를 공제한 후의 금액, ②다른 인건비 대상자는 인건비별 세금을 제외하고 통장으로 입금되는 금액을 말해요.

· **간이지급명세서** : 매월 혹은 반기별로 회사에서 인건비를 제공한 사람의 주민등록번호와 인건비금액을 제출하는 서류를 말해요.

· **연말정산** : 계속 근무한 근로자들이 1년에 한번 세금정산을 하는 것을 말해요.

· **보수총액신고** : 4대보험공단에 근로자의 1년동안 받은 급여내역을 신고하는 것을 말해요.

· **환급** : 세금을 많이 냈을 때, 다시 돌려받을 세금이 나오는 것을 말해요. 환급은 낸 세금이 있어야 환급이 일어날 수 있어요.

· **추징** : 세금신고를 했을 때, 잘못신고해서 세금이 더 나왔을 때 쓰는 말이예요. 추징당했다, 가산세가 나온다. 추징금과 가산세는 세트로 부과가 된답니다.

※ 신입세무사무원을 위한 세무사투리 용어설명

한창 IT업계 사람들이 쓰는 언어들을 모아서 판교사투리 라고 불렀었는데요. 세무업계에도 세무업계분들만 알아들을 수 있는 용어들이 있습니다. 이 업계는 문장을 전체 다 말하지 않는다는 특성이 있어요. 아무래도 프로그램 화면을 보고 짚어주며 알려줘서 그럴까요? 그래서 "이거, 그거"로 이야기하는 경우도 있구요. 주어랑 행동만, 혹은 무엇이 빠진 완료형 행동만 하라고 이야기하는 경우들이 많습니다.

저도 자주쓰는 세무사투리를 준비해 보았는데요. 조금이라도 일터의 대화를 이해하는데 도움이 되시길 바래봅니다.

※ ~ 쳐봐, ~ 해라

대부분 회계프로그램에 전표를 입력하라는 행위를 '○○쳐봐' 라는 이야기로 많이 해요. 앞에 용어에서 설명 드린 기장 · 결산 · 장부도 한번에 묶어서 설명드린게 ~해봐 라고 지시를 내리기 때문이랍니다. ~쳐봐~해라 라는 언어를 들으신다면, 회계프로그램에 전표입력을 하는 행동을 주로 뜻한다고 보면 됩니다. 수동 분개를 해야할때도 분개 쳐 라고도 이야기를 많이 해요. 왠지 키보드로 치다 보면, 전표가 입력이 되다보니. 거기서 유래가 된거 아닌가 싶기도 합니다.

※ ~ 날려

회계프로그램은 요즘은 입력보다. 전송하는 행동을 많이 하게되요. 즉 스크래핑을 한 증빙들을 실제 전표로 만들 때, 전송버튼을 눌러서 전표발생을 시키는데요. 이 행동을 '날린다' 라고 말해요. 그래서 일까요? 버튼을 눌러서 완료하는 것 들을 날린다고 이야기를 주로 합니다. 회계프로그램에서는 전표전송버튼 누르는 것을 '전표날려' 홈택스에 신고서를 접수를 할때도 신고서를 전자신고파일로 묶고 홈택스에 접수하는 과정을 '신고서 날려' 홈택스에서 납부서를 출력하고 출력한 납부서를 이메일이나, 카톡으로 보낼때도, '납부서 날려' 등등 클릭 버튼을 통해 완성되는 행동들을 날린다고 이야기를 많이 합니다.

※ ~ 발라내봐

신용카드 사용분을 매입 공제분으로 입력할 때, 부가세 공제가 되는 것, 공제받지 못하는 것을 구분하는데요. 이 행위를 발라낸다고 이야기를 많이 해요. 적격증빙이 되는것과 되지 않는 것을 구분할 때도, 발라낸다는 표현을 많이 써요. 그거(업체) 다 발라 냈니?

※ ~ 통장 입력해

문자 그대로 통장을 입력한다. 통장 뭐를 어떻게 입력하라고 빠진채로 업무지시가 오는데요. 통장에 있는 매일 거래내역을 전표로 생성하라는 이야기입니다. 대부분 거래처에서 엑셀로 통장거래내역을 주시는데요. 그 자료를 회계프로그램 통장탭에 업로드를 하고, 거래내역을 모두 전표로 전송하라는 뜻이예요. 입력해 말고도 통장관련 뭘 하라고 이야기가 온다면, 회사에서 원하는 결과물은 매출 매입 전표입력했던 것, 통장의 돈이 들어오고 나간 것을 거래처 원장에서 (−) 거래가 일어나지 않도록 전표들을 정리하는 것을 말해요. 통장입력할 때 사수가 원하는 결과물로 생각하시고 업무 하시면 되세요.

※ 신고서 말아봐

세금 신고서를 작성하는 것을 '신고서 말아봐' 라고 이야기를 합니다. 어디서 유래했는지는 모르지만 '신고서 몇 개 말았는데' 라고 이야기 하기도 한답니다.

오리엔테이션

CONTENTS

01 신입이 알아야 하는 세무업계의 비밀 | 019

회사에서의 배움 ≠ 학교에서의 배움

02 입사 첫날 사수 눈에 드는 법 | 025

회사에서 자주 사용하는 실무 사이트와 프로그램들을 미리 경험해 봅니다.

03 입사 후 1달 안에
파악해야 하는 회사생활 에티켓 | 041

에피소드들도 같이 버무려서 회사에서 해야 할 일, 하지 말아야 할 일들을 담아 보았습니다.

04 입사 3개월까지,
세무사무실 업무 미리 맛보기 | 075

자격증을 바로 따고, 실무를 전혀 해보지 않은 상황에서 내게 닥칠 업무를 미리 맛봅니다.

•Friendship•

보이게 기록하고 성장하는 세무인들 모여라

chapter 01

신입이 알아야 하는 세무업계의 비밀

알려주겠다, 단 최저임금으로. 회사의 속마음은?

입사를 앞둔 여러분은 아마 '잘 배워야겠다'라는 생각으로 가득 차 있으실 겁니다. 저는 여러분에게 이런 질문을 드리겠습니다.

'회사는 나를 왜 뽑았을까요?'

더 나아가서는

'회사에서 내가 하는 일은 어떤 이익을 낼까요?'

회사라는 곳에 들어온 순간 우리는 회사에 이익을 가져다줄 수 있는 사람이 되어야 합니다.

신입 시절 배움은 학교에서의 배움과 다르다는 걸 인지하지 못합니다. 일반적으로는 학교에서 공부를 해온 것이 배움의 전부였으니까요. 대학교는 조금 다릅니다. 대학교는 등록금을 내고 다닙니다. 등록금을 받는 학교는 그에 맞는 학위를 제공합니다.

그럼 회사는 어떨까요? 회사는 비즈니스 공간입니다. 회사에서 말하는 알려준다는 뜻은 일을 배울 수 있는 환경을 제공한다는 뜻입니다. 왜냐하면, 회사는 교육기관이 아니거든요. 회사와 학교는 엄연히 운영 목적 및 수익 구조가 다릅니다. 직장에서의 배움은 지금까지 우리가 알고 있던 배움과는 그 의미가 다릅니다. 배움의 결과도 다르죠. 직장인의 회사에서의 배움은 경력입니다. 경력은 학교 학위처럼 증서는 없지만, 나의 이력서에 한 줄로 기록되어 미래의 연봉을 산정하는 데 기초 자료가 됩니다.

회사에서의 배움 ≠ 학교에서의 배움

회사에서의 배움과 학교에서의 배움을 혼동하면 안 됩니다. 하지만 세무업계에서는 '알려준다는 것'을 내세우며 신입 채용을 하곤 합니다. 하지만 현실은 일반 회사의 비즈니스적 시선과 다를 것이 없습니다. 면접 때 들었던 알려주겠다는 건 일하다 모르는 것이 있으면 알려줄 수는 있다는 의미입니다. 학교나 자격증 시험처럼 문제 풀고 답 맞히고, 커트라인 따라 등급을 매기는 일은 회사에서 말하는 '알려줌'과는 아주 다릅니다.

📝 전산 자동화 시대에서 신입으로 살아남기

회사는 내가 어떤 이익을 내주길 바랄까요? 궁금하시죠? 우선 회사의 매출과 신입 연봉 간의 관계를 살펴보겠습니다.

👥 ※여러분이 최저임금 2,060,740원을 받는다고 해볼게요.

만약 여러분이 기장료 매달 세무사무실에 세금신고를 맡기고 거래처가 주는 용역 수수료 100,000원의 거

※ 2024년의 최저임금은 2,060,740원입니다. 최저 임금은 법률로써 매년 변동 됩니다.

래처 20개를 맡아서 업무를 한다면 회사의 수익은 0원으로 보면 됩니다. 실제 고용주는 최저임금액만 비용으로 나가는 것이 아닙니다. 4대 보험과 식비를 더해볼까요? 거래처 30개 정도, 월 기장료 3,000,000원의 매출까지 신입직원이 맡아서 해준다고 해도 회사의 수익은 0원입니다.

'난 바로 실무에 투입될 능력이 안 되는데'
'당장 회사에서 할 수 있는 게 있을까?'

이쯤 되면 '회사는 나를 왜 뽑았을까?'라는 생각이 드실 거예요. 신입을 뽑는 이유는 다양한데 사실 경력직 직원이 없어서 신입을 뽑는 경우들도 많답니다.(충격받지 마세요!)

👪 최저임금이 1,000,000원이던 시절 신입이 만들 수 있던 회사의 이익

세무사무실에 전산화가 도입되기 전(바야흐로 10년도 더 된 옛날) 세무사무실의 주된 일은 입력이었습니다. 대부분의 사장님들이 증빙 영수증을 종이로 가지고 오셨었습니다. 기장에는 거래처의 통장을 입력 해야 하는 일이 있는데요. 입력자료를 엑셀이 아닌 통장 사본으로 주시는 경우가 많았답니다.

종이 영수증 입력, 수기 세금계산서 입력 등 세무사무원의 일의 절반 정도는 회계프로그램에 전표 입력을 하는 일이었습니다. 영수증 입력은 한 건씩 해야 하니 시간이 오래 걸렸습니다. 그래서 세무사무실 신입직원들의 전담 업무가 종이 영수증 정리, 회계프로그램 입력이었죠. 회사에서는 인건비가 저렴한 사람에게 이 업무를 담당하게 하는 것이 이익이니까요. 사수분들이 거래처를 총괄 관리하고 신입직원들은 적은 거래처 관리+사수의 입력 서포터로 역할분담이 이루어졌었습니다.

신입직원은 사수 업체의 전표를 입력하며 사수의 업무시간을 줄여 줍니다. 사수는 나의 일을 도와준 직원에게 업무를 가르쳐줍니다. 이 시스템이 기존 세무사무실의 업무 방법이었습니다.

👥 전산 자동화 시대 신입이 만들어 내야 할 수익

2011년에는 세무업계에 큰 변화가 있었습니다. 바로 전자세금계산서 제도가 본격 시행이 된 것입니다. 그 이후 세무사무실의 주 업무였던 자료입력 업무가 확 줄었습니다. 신입직원들이 주로 하던 일이었죠. 시간이 흐를수록 신입에게 시키면 이익인 일들이 점점 줄고 있습니다. 전표 입력을 예로 들어보겠습니다. 지금은 50개의 전표나 1,000개의 전표나 처리 속도가 크게 다르지 않습니다. 오히려 회계프로그램이 익숙한 경력직들이 업무 처리 속도가 더 빠르죠.

최근 들어서는 세무 보조 프로그램을 쓰는 사무실들도 많아지고 있습니다. 입력 업무가 적어진 대신 조회 업무가 늘어 가면서 IT 기술이 빠른 속도로 이를 대체하기 시작했습니다. 처음에는 단순 조회 정도의 역할을 하던 보조 프로그램들이 계속 발전하면서 현재는 납부서 전달까지도 대신해주고 있습니다. 세무사무실의 사람이 해야만 했던 단순 업무가 빠르게 자동화 되어가고 있습니다.

그 와중에 신입직원의 인건비는 물가상승률을 반영하여 매년 상승하고 있습니다. 10년 전과 비교하니 110% 이상 상승했네요. 당장 신입이 할 수 있는 일은 더 줄고 있는데 말입니다.

👥 2012년 적용 최저임금 : 월 957,220원 → 2024년 최저임금 : 월 2,060,740원

만약에 기장료가 물가 상승률을 반영하였다면? 지금 제가 이런 글을 쓰고 있진 않겠죠. 세무업계의 주 수입원인 기장료는 직원의 인건비 인상폭을 반영하지 못합니다. 10년 전과 같다고 보시면 됩니다. 경력 직원조차도 한 사람이 맡아야 할 거래처 개수가 늘어나고 있습니다. 신입사원에게 맡기면 회사에 이익이 되는 업무가 줄어들고 있습니다. 그렇기에 신입사원들도 빠른 시일 내에 경력자 업무를 익혀야만 합니다. 그래서 지금의 신입은 아마 어느 회사를 가더라도 가파르게 실력을 성장시키는 것을 요구 받을 겁니다.

신입을 사무보조처럼 쓰는 사무실도 많았지만, 이제는 그조차도 기술이 대체할 것 같아 보입니다. 4대 보험 공단자료 출력, 홈택스 서류 출력, 민원서류 발급, 납부서 전송 등 전산화 자료를 취합하기 위한 보조업무를 모두 기술이 할 수 있게 되었으니까요.

세무 보조 프로그램

이음소프트 TP프로그램

🌐 https://eumsoft.co.kr

TP프로그램은 오직 세무사무소 관리 및
업무효율화를 위해 세무사들의 의견을
취합후 업무관리 및 효율화를 위해
세무사님들이 개발한 프로그램이다.

위맴버스

🌐 https://www.wemembers.net

수임처에 관한 정보를 한 눈에 보기 좋은게
제일 편한 점이고, 굳이 홈택스를 들어가지
않아도 위맴버스에서 다 확인 가능하다는
점이 매력이다.

택스봇

🌐 https://taxbot.infotech.co.kr

택스봇을 이용하여 원천세 및 부가세
신고를 홈택스에 방문하지 않고도 진행할
수 있다. 신고 내역에 대한 납부서, 신고서,
접수증 수집 및 수임처별 발송도 가능하다.

오히려 기회, 가파르게 실력을 향상할 수 있는 구조에 올라타기

이제 더 이상 신입에게는 일에 적응할 시간적 여유가 주어지지 않습니다. 기업의 이기심이 극대화되었습니다. 그건 비단 저희 업계만의 이야기는 아닙니다. 근데 저는 여기서 관점을 바꿔보겠습니다. 신입이 빠르게 성장하기를 요구한다? 회사 적응 기간을 줄인다? 그럼 저연차 직원이 회사 핵심 실무들을 더욱 빠르게 접할 수 있지 않을까?

즉 본인의 역량을 극대화할 수 있는 거죠. 결국 자금력과 빵빵한 기장거래처를 가지고 있는 좋은 회사는 실력있는 인재를 원합니다. 요즘은 실력으로 평가받고 연봉도 받는 시대입니다. 기존에는 연차를 앞세우며 실력보다 낮은 연봉을 주는 경우도 많았죠. 하지만 요즘은 실력으로 연차의 허들을 넘어 고연봉을 받는 사례들이 생겨나고 있습니다.

실제로 저의 유튜브 채널에서 3년 차 후반이신 직원분께서 본인 연봉을 말씀해 주신 적이 있는데요. 3년 경력이지만 외부감사 진행, 시행사 결산 등 고경력자의 업무를 원활히 소화하시면서 연봉이 4천만원이 넘는다고 하시더라고요.

> '초반의 고생이 심해지긴 했지만,
> 더 빠르게 올라갈 기회도 함께 주어지고 있다.'

'실무 기회를 잡아서 실력을 빠르게 성장시키고 동시에 연봉도 잡겠다.'

입사 후 포부로 어떠신가요?

마음의 준비가 되셨다면, 이제부터는 진짜 회사 실무 이야기를 시작해 보겠습니다.

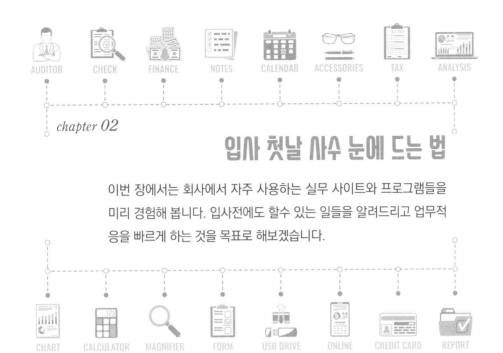

chapter 02

입사 첫날 사수 눈에 드는 법

이번 장에서는 회사에서 자주 사용하는 실무 사이트와 프로그램들을
미리 경험해 봅니다. 입사전에도 할수 있는 일들을 알려드리고 업무적
응을 빠르게 하는 것을 목표로 해보겠습니다.

✍ 출근 전 준비운동

합격 통보를 받고 출근 전까지는 무엇을 하면 좋을까요? 입사 후 세무사무실에서
사용하게 될 사이트를 미리 검색해 보세요. 내가 일할 회사가 사용하는 세무 회계프로
그램에 대해서도 알아보고요. 바로 이 과정이 출근 후 일을 배우기 위해 첫 번째 단계의
노력입니다. 회사에 어필할 수 있도록 자료도 준비한다면 일석이조겠죠?

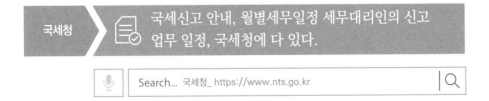

국세청 〉 국세신고 안내, 월별세무일정 세무대리인의 신고
업무 일정, 국세청에 다 있다.

🎤 Search... 국세청_ https://www.nts.go.kr 🔍

국세청은 국세 관련 통합 정보 사이트입니다. 모든 국민이 다 볼 수 있어요. 국가에 세금을 내야 하는 모든 사람이 어떤 세금을 내야하는지에 대한 정보를 주는 곳이라고 보면 됩니다. 우리나라에서 소득이 있는 국민들은 세금을 내야 하는 의무가 있어요. 그래서 국세청에서는 세금신고와 세금일정에 관한 내용 등을 고지해 줍니다. 그중 사업자분들은 본인이 직접 세금을 계산해서 납부해야 하는데요. 세금 계산이 어려우신 사업주분들은 세금 신고 기간이 되면 세무대리인에게 세금 신고를 요청하십니다. 이것이 바로 세무사무실에서 제공하는 서비스이자 여러분들이 앞으로 하게 될 일입니다.

국세청 사이트에 접속해 볼까요? 우리가 이 많은 정보 중에서 가장 우선적으로 알아야 하는 것은 '국세신고 안내' 탭입니다. 바로 여기에 우리가 앞으로 신고해야 할 신고항목들이 있거든요. 내 업무에 필요한 정보가 어디에 있는지 처음부터 눈에 확 들어오지는 않으실 거예요. 그래서 세무사무실에 직원으로 입사할 때 회사에서 신고할 세목 총 9가지를 표시해 보았습니다.

국세청 홈페이지

세금신고기간은 나라에서 정해놓은 일정이 있습니다. 그럼 우리는 입사한 달에 마감 일정이 있는 세금 신고를 하게 되겠지요? 나의 입사 날짜가 확정된 달과 그다음 달 세금 신고 일정을 먼저 파악하세요. 회사에 입사했을 때, 나는 한가한데 다른 사람들이 바쁘다는 느낌이 든다? 그럼 이번 달, 혹은 다음 달에 신고할 내용 관련 업무를 하고 있을 가능성이 높습니다. 그렇기 때문에 입사 시기에 있는 세금신고에 대한 내용을 보시는 게 1순위입니다. 한 번에 이해가 안 가는 게 당연합니다.

이해하려고 노력하는 게 중요한 시기예요. 배우려는 태도를 보여줘야 하는 시기입니다. 월별 세무일정은 국세청 홈페이지 오른쪽 화면에서 보실 수 있습니다.

스케줄 아이콘을 누르면 세무일정 화면으로 이동을 하게 됩니다.

출근 전 준비를 끝냈다면, 1년의 전체적인 업무 흐름도 파악해 두면 좋겠죠? 다음 페이지의 세무사무실 월별 주요 신고 일정과 세무사무원의 1년 스케줄표를 쭉 보시고 1년의 업무 흐름을 파악해 보세요. 앞으로 해야 할 일들을 미리 알고 간다면, 회사에서 어떤 업무를 한다고 하더라도 조금 덜 긴장하실 수 있을 거예요.

CHECKMARK
세무사무실 월별 주요 신고 일정
(2024.01 기준)

매월 공통 신고

✓ **10일** 원천세, 지방세 신고 납부 (반기별 포함)
✓ **말일** 사업 · 기타 · 간이지급명세서 · 일용직지급명세서 제출

이 두 가지는 **매월** 공통된 업무로 생각하시면 됩니다.

day	schedule	work
1월	10일_ 반기납부자 원천세, 지방세 신고 납부	• 부가세 자료요청 및 신고
	25일_ 부가가치세 2기확정신고, 납부(법인, 개인, 간이)	• 연말정산 자료요청
	말일_ 근로 간이지급명세서 제출	• 면세사업자 자료요청
2월	10일_ 면세사업자 사업장 현황 신고	• 사업장현황신고
	28일_ 지급명세서 제출(원천징수대상사업, 근로, 퇴직 제외)	• 연말정산신고
		• 법인세 자료요청
		• 법인 결산
		• 2월 말 지급명세서 제출
3월	10일_ 근로(연말정산분), 사업 · 퇴직소득 지급명세서 제출	• 3월 지급명세서 제출
	31일_ 12월 말 법인세 신고 납부	• 법인결산완료
		• 법인세신고
		• 법인 조정료 청구
4월	25일_ 1기 부가세 예정신고, 중간예납 납부	• 부가세 중간예납대상자 고지서 송달 확인
	30일_ 12월 말 성실신고대상 법인세 신고 납부	
	30일_ 12월 말 결산법인 법인세분 지방소득세 신고 납부	• 부가세 신고 들어갈 업체 확인&신고
		• 개인사업자 결산
		• 종합소득세 자료요청

day	schedule	work
5월	31일_ 종합소득세 지방소득세 확정 신고, 납부	• 종합소득세신고 • 종합 소득세 조정료 청구
6월	30일_ 복식부기 의무자 사업용 계좌 신고 기한 30일_ 원천세 반기별 납부 신청기한 30일_ 성실신고 확인 대상자 종합소득세, 　　　　　지방소득세 신고·납부	• 성실신고자 종합소득세신고 • 성실신고 조정료& 　성실신고 수수료 청구 • 원천세반기납부신청 • 사업용계좌 신고
7월	10일_ 반기납부자 원천세, 지방세 신고 납부 25일_ 부가가치세 1기 확정 신고·납부 　　　　　(간이과세, 중간예납) 말일_ 근로소득 간이지급명세서 제출	• 부가세 자료요청, 신고
8월	31일_ 12월 말 법인 중간 예납 신고 납부	• 법인세 중간예납신고 • 법인 6개월 가결산
9월		• 개인 6개월 가결산
10월	25일_ 부가가치세 2기확정신고·납부(법인, 개인)	• 부가세 중간예납대상자 　고지서 송달 확인 • 부가세 신고 들어갈 업체 　확인&신고 • 법인·개인 가결산
11월	30일_ 개인사업자 종합소득세 중간예납납부, 추계신고	• 종합소득세 중간예납대상자 　고지서 송달 확인 • 법인·개인 경비 부족한 곳 　체크&미팅
12월	31일_ 원천세 반기별 납부 승인신청/포기	• 내년 상반기 체크표 작성 • 파일 만들기 • 원천세 반기납부 신청

세무일정은 목록형/달력형으로도 볼 수 있어요. 우측 상단에 인쇄할 수 있는 버튼도 있답니다. 인쇄 버튼을 클릭해 볼까요? (입사 시 프린트물을 가져가서 상사에게 보여드려 보세요. 상사에게 일을 배울 준비가 된 사람으로 인식되는 좋은 기회가 될 것입니다.)

목록형과 프린트 아이콘을 누르면 화면 이동을 하게 됩니다.

이번에는 홈택스 사이트에 대해 알아보도록 하겠습니다. 홈택스 사이트는 회계프로그램과 함께 세무 일을 할 때 사용 빈도가 높은 사이트입니다. 홈택스의 기능을 2가지로 요약하자면 세금 신고서의 전자접수, 세금납부내역의 민원증명 발급 두 가지로 볼 수 있습니다.

우선, 세무사무실에 세금신고 의뢰를 맡기시는 분들을 거래처라고 지칭합니다.

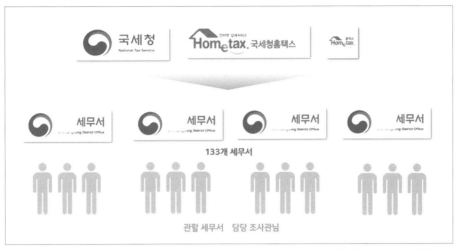

이분들에게는 매월 기장료라는 서비스 수수료를 받고요. 우리는 회사의 거래처 사장님들의 니즈에 따라, '신고서작성'과 '민원증명발급'이라는 두 가지 업무를 의뢰받고 대행을 해드립니다.

앞서 살펴본 국세청과 홈택스에 대해서 조금 더 알아볼게요.

국세청은 세금신고 납부 일정을 사업자들에게 알려줍니다. 그리고 신고서가 들어오면 제대로 신고가 됐는지 파악하고 조사하는 일을 합니다. 인터넷이 발달하지 않았던 시절에는 세금신고서를 세무서에 직접 제출해야 했습니다. 하지만 요즘은 대부분의 업무를 전산으로 처리할 수 있습니다.

세금신고를 인터넷으로 할 수 있는 곳이 바로 홈택스입니다. 온라인 세무서인 셈이죠. 홈택스에 세금신고를 하게 되면, 전송된 신고서는 각 세무서의 관할 담당자에게 전달이 됩니다. 우리는 이분들을 조사관님이라고 불러요. 모든 업무가 전산화가 된다고 하더라도, 신고가 잘못되었거나 문제가 생기면 사람의 손길이 필요하죠? 그때 관리 역할을 해주시는 세무공무원이 바로 조사관님이십니다.

그럼, 홈택스 사이트에 접속해볼까요? 세무대리인들이 접속하는 메뉴를 살펴보도록 할게요.

 **세무대리 납세관리**

　홈택스 메뉴 중에서 [세무대리 납세 관리]라는 메뉴가 있어요. 업무 시 가장 많이 클릭하는 메뉴입니다. 해당 메뉴는 세무사무실의 인증서를 통해서만 접속할 수 있습니다. 단 메뉴의 이름을 보는 것까지는 취업 전이라도 누구나 가능합니다. 입사 전에는 관련 메뉴들의 이름을 살펴보고 가는 것이 좋겠죠?

　입사하면 이 메뉴 안에 있는 자료를 뽑으라는 이야기를 들으실 겁니다. '거래처의 홈택스 자료를 뽑아봐!'라는 지시를 받는다면 해당 메뉴에 가서 자료를 조회하면 되겠다고 생각하시면 됩니다.

 **민원증명**

　만약 여러분들이 바로 거래처를 맡게 되지 않는다고 하더라도, 신입직원이 입사 후 하게 되는 업무가 하나 있어요. 바로 '민원증명발급' 입니다. 홈택스의 2번째 기능인데요. 거래처 사장님들은 이미 세금 신고한 내역이나, 체납이 없는 내용 등을 확인할 수 있는 민원서류가 필요할 때가 있습니다. (주로 은행 거래시) 그럴 때, 세무대리인에게

서류 발급을 요청합니다. 이 업무는 어려울 게 없으니 걱정하지 마세요. 신입직원은 이 업무를 해보면서 홈택스 사용 방법을 익힐 수도 있어요. 종종 사수분들이 거래처 민원 서류 발급을 시키기도 하거든요.

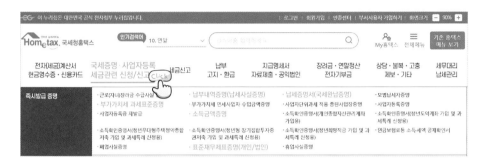

"○○ 사원님, ○○ 거래처에 ○○ 민원증명 발급해서 보내 줄래요?"

민원증명은 발급하는 일보다, 어떤 서류가 필요한 지가 헷갈리는 경우가 많아요. 거래처 대표님들도 서류명을 헷갈려 하시는 경우가 많고 일터에서 사수의 설명은 대부분 한 번으로 끝나기 마련입니다. 그래서 메모가 중요합니다. 사수분은 한 번의 설명만으로 민원서류와 관련된 모든 일을 시킬 수 있어요. 그래서 각 민원서류가 어떨 때 주로 사용되는지에 대한 정보를 가져왔습니다. 나중에 경력자가 되면 사장님이 어떤 말씀을 하시더라도 '대략 이 민원서류를 원하는 거겠다!' 라는 감이 올 때가 있습니다. 용어를 곧장 암기하려 하기보다는 이해하려 노력하세요. 용어가 한 번에 이해되기는 쉽지 않으니 익숙해질 때까지 반복해서 습득하는 노력을 해야 합니다.

민원 서류명	확인할 수 있는 정보
납세 증명서(국세완납증명)	지금까지 세금 체납 없이 모두 납부했다는 확인서입니다.
납부내역증명(납세사실증명)	어떤 세금을 몇 월 며칠에 냈는지 확인할 수 있는 자료입니다. (세무사무원이 거래처세금 납부 확인을 하려고 발급하기도 합니다.)
소득금액증명	개인사업자분들이 1년에 소득 신고한 금액을 확인할 수 있는 자료입니다. (매년 신고가 다음년도 5월에 진행되므로 1월~5월 사이에는 전전년도 소득금액 증명원만 발급할 수 있습니다.)
부가가치세 과세표준증명	거래처의 매출금액을 확인하는 자료로 부가세 신고서매출금액과 일치하는 서류입니다. 거래처에서 원하는 연도와 분기로 조회해서 발급합니다.
표준재무제표증명	홈택스에서 증명해주는 거래처의 재무제표입니다. 원하시는 연도를 확인 후 발급합니다.

발급 방법에 대해서도 안내해 드리겠습니다.

👪 민원서류 발급 방법

① 발급하고자 하는 민원서류명을 정확히 확인한다.

② 발급해야 하는 거래처의 인적사항을 정확히 확인한다. (사업자등록번호 or 주민등록번호)

③ 홈택스에 들어가서 발급한다. ＊부분은 모두 기록해야 한다.

④ 사용 용도와 제출처는 항목에 있으면 좋지만 없는 경우는 너무 고민하지 말고 기타로 발급한다.

국세청 부가세 증명원 발급 화면 예시

부가세 증명원 발급을 예시로 보여드렸고요. 나머지 민원서류도 발급요청이 들어올 거예요. 발급요청 민원서류명과 그 자료가 어디에 쓰이는지를 확인하며 용어를 익히고 실무 스킬을 기릅니다.

만약에 여러분들이 전산세무 자격증을 취득했다면 케이랩이라는 세무프로그램을 사용해 보셨을 거예요. 하지만 모든 세무사무실에서 케이랩의 실무 버전인 세무사랑을 사용하는 것은 아닙니다. 면접 때 물어보지 못했더라도 입사가 확정된 후에는 회사가 어떤 프로그램을 쓰는지 여쭤보세요. 회사에서 하는 일에 관심이 있는 사람으로 어필할 수 있습니다. 이것이 일을 배우는 자세입니다.

세무사무실에서 더존에서 만든 회계프로그램인 스마트에이나 위하고 프로그램을 쓴다면 입사하셔서 프로그램을 다시 배워야 합니다. 이런 경우에는 입사 후에도 프로그램에 익숙해질 수 있도록 추가 연습을 하셔야 합니다. 사수는 프로그램 사용법을 한 번 딱 알려주고 더 알려주시지는 않을 거예요. 익숙해질 때까지 반복하는 건 전적으로 본인의 몫입니다. 다행히도 세무사무실에서 주로 사용하는 두 프로그램 모두 유튜브에 들어가면 프로그램 사용법을 배울 수 있습니다. 한국세무사회에서 만든 세무사랑의 경우에는 '세무사랑 레시피'라는 텍스트 형태의 교안도 굉장히 잘 만들어져 있습니다. 거기다 무료이기까지 합니다. 다른 프로그램을 쓰시는 분들도 많이들 보고 공부하시는 편이니 이 자료는 꼭 활용하면 좋을 것 같아요! 또한 새로운 서식, 업데이트 관련 시연 영상도 유튜브를 통해 시뮬레이션 해줍니다.

저 또한 프로그램 사용 방법이 궁금할 때는 이 채널들을 활용합니다. 유튜브 동영상만으로 부족하다 싶을 때는 실무교육사이트에서 진행하는 추가 교육 프로그램들을 통해 도움을 받으시는 것도 좋습니다.

Search *https://www.youtube.com/channel/UCFXFG103huf_ZE6RFD2Lg9g/videos*

A

▣ 더존 프로그램 설명서 : 더존 솔루션지원센터

프로그램 사용할 때 안되는 부분, 자주 묻는 프로그램 사용법에 대한 영상을 볼 수 있는 사이트입니다. 회계프로그램별 채널도 따로 있는데요, 솔루션 지원센터 채널에 세무대리인들이 찾는 정보가 많이 올라와 있어요. 주로 스마트에이와 위하고 관련 기능을 찾고 싶을 때 이 유튜브를 검색하면 좋아요.

 Search *https://www.youtube.com/@NEWZEN_TV/videos*

B

▣ 세무사랑 프로그램 설명 : 뉴젠 TV

뉴젠은 케이렙2.0, 세무사랑Pro2.0, 뉴젠KRP 등의 회계 프로그램을 만들고 유지보수 하는 회사입니다. 이 회사에서 나오는 회계 프로그램에 대한 정보가 들어있는 유튜브 채널이라고 보시면 되세요.

 Search *https://www.youtube.com/c/세무사랑Pro*

C

▣ 세무사랑PRO 프로그램 동영상 설명 :
한국세무사회 세무사랑Pro

세무사랑 프로그램을 사용하는 방법, 매년 신고 시즌별, 신고를 도와주는 강의와 프로그램 활용법이 올라오는 채널입니다. 세무사회에서 운영하고 있구요. 무료 유튜브 강의로는 최고급이라고 봐도 됩니다.

 Search *https://www.kacpta.or.kr/a/movie/cyber_edu.asp*

D

▣ 세무사랑 프로그램 교육책 :
세무사랑Pro 활용 레시피

앞서 설명드린 세무사랑 Pro를 사용하기 위해, 같이 볼수 있는 교안으로 보시면 되세요. 이또한 세무사회에서 무료로 제공하고 있으니 실무를 처음 접하는 세무대리인이라면 꼭 다운로드 받으시고 교육을 들으시면 좋을거예요.

▶ 세무사랑Pro 활용 레시피 교안 활용하기

총 6개의 챕터로 구성되어 있고 책자 다운로드가 가능합니다. 원천세가 안보여서 문의 주시는분들이 계시는데요. **2 세무편**에 **[부가가치세 | 원천징수 및 4대보험]** 으로 구성되어 있으니 화면 검색시 참고해서 활용하시면 좋을 것 같습니다.

 ☐ 출근 전 준비운동 Summary

☑ 1. 국세청 사이트 홈택스에서 신고할 세목과 입사 달 세금 신고 일정을 확인해요.

☑ 2. 홈택스 세무대리 메뉴와 민원서류 발급 방법을 미리 공부해요.

☑ 3. 내가 사용할 프로그램을 파악하고 이를 공부할 수 있는 사이트를 확인해요.

📝 입사 첫날 해야 할 일

이 책을 읽는 분들은 '신입에게 있어 가장 중요한 역량'이 뭐라고 생각하시나요? 신입직원에게 필요한 첫 번째 역량은 근무시간에 지각하지 않는 성실한 근태입니다. (절대 가볍게 생각하지 마세요. 업무가 익숙하지 않을수록 기본에 충실한 태도를 보이는 것이 내가 회사에서 낼 수 있는 수익입니다.)

또한, 배우려는 자세를 보이는 것입니다. 배우려는 의지가 있으신가요? 그렇다면 제가 이러한 의지를 '임팩트 있게 어필할 수 있는 방법'을 알려 드릴게요.

👥 신입은 태도가 전부, 미리 공부한 내용 프린트해서 들고 가기

일반적으로 사람들은 궁금한 게 생기면 검색을 합니다. 이걸 직장생활의 배움과 연결해 볼게요. 내가 무얼 배울지 궁금한 사람은 관련 자료를 미리 찾아봅니다. 상사가 신입직원에게 바라는 건 '많은 지식' 보다는 '배우려고 하는 마음 자세'입니다. 그렇다면 내가 배울 자세를 갖추고 있다는 것을 어떻게 사수에게 어필할 수 있을까요? 바로, 관련 자료를 프린트해서 사수분께 보여드리면 됩니다.

이 아이디어는 얼마 전 신입을 뽑은 제 지인과의 대화에서 그 힌트를 얻었습니다. 첫 신입을 맞이한 지인은 저에게 자랑을 하더라고요. 입사 첫날 신입이 프린트물을 들고 왔다고 하면서요. 저도 내용을 보았는데 신입이 이해하기는 어려운 내용이었습니다. "이걸 다 이해를 해??"라는 물음에 제 지인은

"신입이 이걸 어떻게 다 이해하냐? 가지고 온 거 자체가 기특한 거지."

라고 대답하더라고요. 이왕 가지고 갈 거 좀 더 실용적인 자료들이 있다면 좋겠다는 생각이 들었습니다. 마음의 준비가 되셨다면 [출근 전 준비운동] 편을 프린트해 보세요.

입사 첫날은 사수분께 내 이미지를 각인시킬 수 있는 중요한 날입니다. 아마 1:1로 설명을 듣는 상황이 생길 거예요. 장소는? 바로 사무실 책상이겠죠. 해야 할 일을 설명 받을 때 프린트물을 보여드리세요. 사수분들은 그 행동을 하는 신입직원 이미지를 아주 좋게 인식하실 겁니다.

'오, 아직 뭘 해야 할지 모를 시기인데 나름대로 준비를 해왔네? 기특하다!'

이렇게 나의 이미지를 하나씩 만들어 나가는 겁니다.

 배움 노트 준비하기

세무사무실의 신입직원은 두 부류로 구별할 수 있습니다. 메모 노트가 있는 사람과 없는 사람으로요! 물론 회사에서도 노트를 사줍니다. 하지만 메모 도구를 미리 준비하는 사람이라는 이미지를 부각시키는 편이 훨씬 좋습니다. 앞으로 내가 만들 노트는 나의 세무사무원 1년 차의 자산이 됩니다. 즉 이 회사를 떠나게 되더라도 내 것이 되는 나만의 기록이라는 의미입니다.

특히 입사 초반에는 용어를 들어도 이해하지 못하는 것이 많습니다. 그런데 기록하지 않는다면? 사수의 말을 어떻게 기억할 수 있을까요? 기록해 두어야 나중에 질문하더라도 상대방이 쉽게 질문을 이해할 수 있습니다. 기록은 곧 질문의 바탕입니다. 잘못들은 내용이 있다고 가정해 볼게요. 기록한 걸 가지고 가서 사수분께 여쭤봅니다. 사수는 신입직원이 어떤 부분을 잘못 이해하고 있는지 바로 파악할 수 있습니다. 이게 바로 '짬에서 나오는 바이브'죠. 그리고 신입직원이 이해할 수 있도록 설명해 주실 수 있죠.

노트를 준비하는 것이 단순한 이미지 메이킹으로 끝나서는 안 됩니다. 노트는 누구나 살 수 있습니다. 여기에 한 가지 액션을 추가해 볼까요? 사수가 부를 때, 그리고 사수가 내 옆에서 일을 가르쳐줄 때 메모지와 펜을 자석처럼 같이 가지고 가는 겁니다. 그리고 들은 내용은 반드시 필기하도록 하세요.

"실례지만, 메모 준비 좀 해도 될까요?"

사수분들이 아주 좋아하는 대사입니다.

□ **입사 첫날 해야할 일** Summary

☑ 1. 신입의 가장 큰 역량은 성실한 근태이다.

☑ 2. 미리 공부한 내용을 보여드리며 입사 첫날 사수에게 나의 배움의 의지를 각인시키자.

☑ 3. 배움 노트는 필수! 이제부터 펜과 메모지는 나와 한 몸처럼 생각하자.

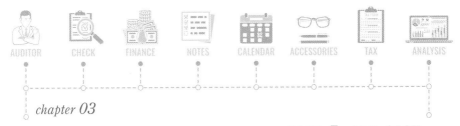

chapter 03

입사 후 1달 안에
파악해야 하는 회사생활 에티켓

이번 장에서는 '이 정도는 기본적으로 알아야 하는 거 아니야?'라고 하지만 아무도 알려주지 않는 세무사무실 에티켓에 대해 알려드리려 합니다. 일을 배우는 것도 중요하지만 회사생활을 힘들게 하는 건 내가 몰라서 미흡했던 나의 행동 때문인 경우가 많았습니다. 경력직 직장인들은 이걸 가리켜 '사회생활예절'이라고 부르더라고요. 근데 분명 기본적인 에티켓도 존재하지만, 그 회사만의 문화를 에티켓이라고 지칭하는 경우도 있습니다.

흔히 '눈치껏 알아서 해라'라는 이야기를 정말 많이 하는데요. 그 눈치의 기준이 회사마다 다르다면요? 상사를 대하는 것도 그렇고요. 저 또한 사회 초년생 시절 회사에서 어떤 행동을 어떻게 해야 하는지 잘 몰라 눈치껏 행동하다가 혼난 적이 있었습니다. 이번 장에는 제 에피소드들도 같이 버무려서 회사에서 해야 할 일, 하지 말아야 할 일들을 담아 보았습니다.

저의 시행착오가 여러분들의 원활한 회사생활에 도움이 되었으면 좋겠어요. 일 자체와는 또 다른 영역이라 그저 몸에 배야 하는 부분이라 생각하고 그냥 이해하려고 하시는 경우도 많습니다. 하지만 각 회사마다 원하는 회사의 예절과 문화가 다릅니다. 각 챕터가 끝나고 나면, 이 회사만의 문화를 적어볼 수 있는 질문도 담아두었으니 꼭 기록해 보시면서 여러분이 다니는 회사에 대해 알아보는 시간이 되셨으면 좋겠습니다.

📝 호칭(뭐라고 불러야 할까?)

회사에는 직급과 직책이라는 이름으로 조직의 구성원들을 나눕니다. 입사 첫날, 직원들과 인사를 나누며 회사의 조직도를 그려보세요. 면접을 보았던 사람이 누구였을까요? 또한 사무실마다 세무사님, 사무장님, 실장님 등 다양한 직함을 가진 사람들이 있을 거에요. 대부분 입사 첫날 인사를 통해 소개가 이뤄지니 메모하시면 좋겠죠? 앞으로 회사생활을 같이할 직원분들의 성함과 직책 정리를 해보세요. 직책을 정리하다 보면 자연스레 서열도 정리가 됩니다. 그 후 회사 안에서 서로 부르는 호칭도 파악합니다.

대표세무사 or 대표회계사

실장님 or 팀장님

사원　　　주임　　　대리　　　과장

일하면서 꼭 필요한 세무용어 50선 – 기본적인 세무사무실의 직급체계

세무사무실은 일반 회사보다는 분위기가 자유로운 편이다 보니 서로 언니, 혹은 '～야'라고 편하게 부르는 경우들도 간혹 있습니다. 여기서 주의할 점은 상사가 아랫사람을 부를 때는 '～씨'라고 부르는 경우가 있는데 '～씨'는 나보다 직급이 낮은 사람을 부를 때 쓰는 호칭입니다. 가장 지위가 높은 사수가 아래 직원들을 직급 없이 이름을 부르는 경우도 있습니다. 반드시 나보다 직급이 높은지 아닌지를 확인한 후에 호칭을 정하셔야 합니다.

이 책을 읽으시는 분들은 대부분 사원이실 가능성이 크니 회사에 있는 분들에게 '~씨'라고 부르시는 실수를 저지르시진 않으셨으면 좋겠습니다. (사실 이건 사회초년생인 제가 직급으로 호칭을 쓰지 않는 사무실에 들어가서 실수한 저의 개인적인 경험담이기도 합니다. 위 사수가 대리님을 '~씨'라고 부르는 걸 보고 사회초년생인 제가 그대로 따라했다가 주의를 받았었죠.)

상사분들은 호칭에 예민한 편입니다. 호칭은 회사 내에서 상대의 실력에 대한 등급 같은 것이기도 합니다. 세무사무실에는 일찍 취업해 경력을 쌓으신 분들도 많이 있습니다. 그래서 회사 상황에 따라 신입의 나이보다 상사의 나이가 적은 경우도 꽤 많이 있어요. 이런 경우 상사는 특히나 호칭에 더 예민합니다. 직책이 있다면 직책으로 부르는 연습을 하는 게 좋습니다. 처음부터 입에 붙으면 나중에는 쉽습니다.

"○○ 대리님, ○○ 과장님!"

직급이 있는 경우에도 직급이 제일 높은 사수분은 ○○ 대리, ○○ 과장 이런 식으로 '님' 자를 붙이지 않는 경우도 있습니다. '내가 대리 및 과장보다 더 직급이 높다'라는 것을 표현하시는 거죠. 아무 생각 없이 따라 하다가 봉변당하시는 일 없으시길 바랍니다.

윗사람이든, 아랫사람이든 직책에 '~님'자를 잘 붙이신다면 회사생활 하는 데 있어 불필요한 트러블은 줄어들 것입니다. 서로를 존중한다는 의미니까요. 그리고 호칭 파악하면서, 회사에서 실무자 분중에 최고 의사결정을 하는 사람(ex팀장님)이 누구인지도 파악해 두세요. 대부분의 회사의 운영방침이 팀장님 선에서 이뤄지거든요.

그럼 내가 파악한 우리 회사의 호칭을 '우리회사 파악하기에 한번 적어볼까요?'

● **[우리 회사 파악하기]**

※ 세무사님의 성함은 어떻게 되나요?

※ 회사의 최고 의사결정자는 누구인가요?

　직책 :　　　　　 이름 :

※ 그 외 회사의 구성원들에 대해 적어 봅시다.

　직책 / 경력 /이름 / 내가 부를 호칭

✎ 사수(난 누구에게 일을 배울까? 진짜 내 사수 찾기)

여러분은 면접에서 잘 가르쳐 주겠다는 대표의 말을 듣고 입사하셨나요? 실제 회사에 다녀보니 어떠신가요? 입사 후 1달 안에 꼭 해야 하는 일 중 하나가 나를 가르쳐 주겠다는 말이 진짜인지 파악하는 것입니다.

회사마다 일을 가르치는 방식이 모두 다르답니다. 전담 사수가 있어서 업무를 알려 주는 경우도 있고, 사수가 지정되지 않은 채로 업무가 주어지는 경우도 있습니다. 또한, 아무 계획 없이 세무사님이 직원을 뽑은 경우도 있고요. '알아서 하겠거니' 하는 유형의 사무실도 있어요. 사수가 너무 바빠서 업무를 가르쳐 줄 시간이 없는 경우는 늘상 있는 일이고요. 이건 입사하고 직접 경험 해봐야 알 수 있습니다.

중간에 사수가 퇴사하는 일도 발생할 수 있습니다. 저 같은 경우 입사 초반 사수와 3개월 후의 사수가 달랐습니다. 회사 내부 사정으로 인해서 변동되었죠. 회사의 상황은 내가 어떻게 할 수 없는 부분입니다. 일은 사수의 가르침을 통해 배울 수도 있고, 모르는 것을 질문하면서 배울 수도 있습니다. 여기서 중요한 점은 누가 나의 질문에 대답을 잘해줄 수 있는 사람인지, 누가 회사에서 일을 잘하는 사람인지, 그리고 누가 나에게 호의적인지를 제대로 파악하는 것입니다.

사수의 퇴사라는 변수에 대비하기에는 이왕이면 물어볼 사람들이 많은 사무실이 덜 위험하긴 합니다. 직원이 많은 사무실에 입사했다면, 여러 직원에게 질문을 해본 후 '누구한테 질문을 많이 해도 되는지?' 또는 '누가 나의 질문에 짜증을 덜 내는지' 등을 파악해 보세요.

가르치는 일은 어려운 일이지만 동시에 보람 있는 일이기도 합니다. 회사에 한 명 정도는 내가 일을 배울 수 있는 사람이 있을 겁니다. 그분을 발견하고 그분에게 열과 성을 다해 진심으로 배움의 자세를 어필해 보세요. 질문할 때마다 상대방이 시간을 내어 준 것에 대한 감사의 마음을 표현한다면 더욱 좋습니다.

제가 좋아하는 책《내일로 건너가는 법》의 김민철 작가님은 "사람의 마음은 물과 같아서 상대가 어떤 마음으로, 어떻게 행동하느냐에 따라서 물처럼 다양하게 변모한다

는 것이 이 이론의 골자이다. 상대가 유순하게 나오면 까칠한 사람도 숨겨왔던 약간의 유순함을 꺼내고, 상대가 이기적으로 나오면 나도 별생각이 없다가도 갑자기 눈을 모로 뜨고 까칠하게 나오게 된다"라는 말을 하셨어요. 세무사무실에서 일을 하면서 가장 공감이 많이 되었던 글귀였습니다.

이번에도 제 이야기를 잠시 해볼게요. 제가 근무했던 회사에 신입직원이 입사했습니다. 실제 사수는 실장님으로 결정되어서 입사하게 되었죠. 하지만 실제 일을 가르쳐 주는 것은 저였습니다. 왜냐고요? 그 신입사원이 제 앞자리에 배치가 되었거든요. 신입직원이 실장님을 어려워하다 보니 제가 중간 역할을 하게 되었죠. 그래서 신입직원과 대화를 많이 했었죠.

어느 날은 그 친구가 '자신이 일을 배우는 속도가 너무 느린 것 같다'고 참 많이 속상해하더라고요. 동종업계 다른 친구들보다 본인이 배운 게 없는 거 같다고 하면서요. 그 모습을 본 제가 비록 담당은 아니었지만 신입직원이 배우고 싶어 하는 것을 하나하나 알려주었답니다. 간절한 그 직원의 마음을 보고 있자니 마치 제 신입 시절을 보는 거 같았거든요.

그 신입직원은 크게 성장하여 지금은 한 회사의 관리자가 되어있답니다. 저와 같이 업계 정보도 공유합니다. 업무상 도움을 줄 수 있는 사이로 발전한 거죠. 면접 때와 사뭇 다른 분위기라도 놀라지 마세요. 면접으로 다 파악할 수 있는 사무실은 드뭅니다. 회사 안에서 내가 일을 배우고 싶은 사람을 꼭 찾으세요. 중요한 건 지금입니다. 각자도생 분위기라면 이직도 방법이 될 수 있습니다. 그리고 직원들과 좋은 관계를 유지하세요. 저 또한 3개월 뒤 사수가 바뀌었을 때는 너무 속상한 마음에 제 롤모델 직원분께 하소연했고, 훗날 그분이 저의 상사를 지원해주셨답니다.

세무사무실에는 일을 가르쳐주지 않는 사수도 많지만, 일을 가르쳐 주더라도 빠르게 그만두는 신입직원들로 인해서 마음의 문을 쉽게 열지 못하는 사수분들도 많아요. 그러니, 배우려고 하는 의지를 표현하고 가르쳐준 것을 실제로 차근차근 적용해나가면서 사수의 마음을 열어주세요. 그게 제일 먼저 해야 할 일입니다.

아무리 찾아봐도 회사에 사수가 없는 경우도 있을 거예요. 사수가 없는 경우에는 '회사 업무는 어떻게 하면 되는지?'에 대한 기준점을 잡고 앞으로의 회사생활을 그려나가야 합니다. 내가 필요로 하는 사람이 그냥 내가 궁금한 내용을 물어볼 사람인지, 아니면 나를 가르쳐줄 사람인지를 구별하는 것도 중요합니다. 사수가 있어서 좋은 점은 업무 중 모르는 내용을 물어볼 수 있다는 것이죠. 그런데 그렇다고 해서 사수의 답에만 의존을 하다 보면 내 역량이 사수의 그릇 이상으로는 자라지 못할 가능성이 있습니다. 그리고 물어본 것들에 대한 지식만 쌓여가는 경우도 있고요. 오히려 아무것도 알려주지 않을 때, 스스로 세법, 국세청 자료 등을 찾아보며 성장해 나가는 세무사무원 분들도 보아왔답니다.

여러분들은 누구에게 업무를 배울 것인가요? 그리고 회사에서 뒷받침이 안 된다면 어떻게 실력을 키워나갈 것인가요? 이는 나의 커리어를 키우는 방법과도 연결이 되어 있으니 잘 고민해 보시고, '우리 회사 파악하기'에 적어봅시다.

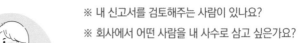

[우리 회사 파악하기]

※ 나에겐 전담 사수가 있나요?

※ 내 신고서를 검토해주는 사람이 있나요?

※ 회사에서 어떤 사람을 내 사수로 삼고 싶은가요?

※ 그분에게 잘 배우는 후임이 되기 위해서 나는 무엇을
   해야 하나요?

✏️ 전화(회사 전화 예절 익히기)

이번 편은 전화 예절 편입니다. 전화를 받는 일은 세무사무실에서 중요한 업무입니다. 대표전화로 걸려오는 전화는 신입직원이 받게 되는 경우가 많아요. 그렇다고 해도 너무 걱정하지 마세요. 당장 거래처의 전화를 받아 질문에 답변하라는 일을 시키진 않을 거예요. 세무사무실에서 전화를 받을 때, 어떤 것들을 주의해야 하는지 같이 알아보도록 하겠습니다.

1. 기본예절

전화를 받는 행위와 거는 행위에는 기본적인 예절이 있습니다. 첫 호감도라고 하죠? 거래처는 처음 전화가 연결되었을 때 담당자의 말투와 톤, 그리고 대화 뉘앙스를 기억합니다. 그것이 회사의 이미지이며 나의 이미지가 될 수 있다는 걸 기억해야 해요.

① 전화는 신속하게 받는다.(벨이 세 번 울리기 전까지 받는 것을 목표로)

거래처가 여러가지 커뮤니케이션 도구 중에서 전화를 선택하는 이유가 있습니다. 궁금한 것이 있을 때 빨리 해결하고 싶거든요. 그래서 사무실로 걸려오는 전화는 빨리 받는 것이 중요합니다. 통화가 빠르게 연결이 된다면, 거래처의 문제를 신속히 해결하고자 하는 회사의 서비스를 표현하는 태도로 각인이 된답니다. 만약에 사정이 있어 늦게 전화를 받았을 경우에는 '늦게 받아서 죄송하다'라는 멘트를 먼저 한 후 통화를 이어가는 것이 중요합니다.

경험담

실제로 제가 입사해서 처음으로 맡았던 업무가 모든 거래처의 전화를 받아서 담당자들에게 돌려주는 업무였습니다. 그 역할을 맡게 된 후, 상사분에게 들었던 지시가 전화를 빨리 받는 연습을 하라는 거였습니다. 저의 상사분은 일부러 밖에서 전화를 걸기도 하셨습니다. 제가 얼마나 전화를 빨리 받는지 보시기 위함이었죠.

② 어투를 정확히 한다.

사회초년생의 경우, 대부분 일상 언어에 익숙합니다. 아직까지 일터 언어에는 익숙하지 않아 가끔 거래처와의 대화에서 의도하지 않게 일상의 언어를 사용하곤 합니다. 회사에 왔을 때는 일터의 언어로 어투를 교정하는 연습을 해야 합니다. 특히 앞으로 여러분들은 거래처의 담당자가 되었을 때 딱딱한 세금을 설명하는 일을 주로 하는데요. 거래처가 담당자에게 '정확하게 안내받고 있다'라는 느낌을 받아야 합니다. 예를 들어 살펴봅시다.

좋은 예	나쁜 예
~ 입니다. ~ 됩니다. ~ 어려워 보입니다. ~ 아닙니다. 괜찮습니다. 감사합니다.	~ 인 거 같아요. ~ 될 거 같아요. 아…, 네… 네? 뭐라고요? 그런데요 ~ 있잖아요 ~

정확성을 갖춘 좋은 말끝은 '~ 다' 로 끝나는 어투입니다. 반면 나쁜예는 ~ 아..~ 그런데요 처럼 뭉개지는 발음, 공백이 길어지는 대화, 뒤끝을 흐리는 어투, 등을 들 수 있어요. 신입때는 내용의 정확성 보다는 전달하는 문장을 정확하게 말하는게 중요해요. 모르는 내용을 질문하더라도. '음..아..그거일꺼 같아요...' 가 아닌, 제가 정확히 알아보고 연락드려도 될까요? 처럼 말끝을 정확하게 매듭짓는 문장을 연습해야 해요. 학교에서나 자격증 시험에선 배우지 않은 부분이니, 처음부터 잘할 수는 없습니다. 직장인의 바른 언어습관은 다른 일을 할 때도 도움이 많이 되니 잘 연습해 보자고요.

경험담

저도 대학교를 졸업하고 바로 취업했을 때
말끝을 흐리는 부분 때문에 굉장히 지적을 많이 받았습니다.
대표님이 저에게 아나운서가 발음 연습하는 방법의 하나인
볼펜을 물고 연습하라는 이야기도 하셨고 실제로도
그렇게 연습을 많이 했었어요.

자, 그럼 전화가 왔을 상황을 가정하고, 상황에 맞는 기본예절을 알아볼게요.사무실에는 누가 전화를 할까요? 거래처, 대표님의 지인, 광고회사, 퀵 서비스나 우편 택배 배달을 위한 위치 문의 전화가 주로 옵니다.

2. 첫인사

세무사무원 :
> "감사합니다. ○○ 세무사사무소/회계사무소(등 본인이 다니고 있는 회사의 이름을 넣어서) 직책 ○○○입니다."

전화 받을 때 회사 이름 뒤에 본인의 이름을 말합니다. 하지만 세무사무실은 신입직원이 사무실의 기본 전화를 받는 경우가 대부분이라고 말씀드렸죠? 사무실 내부사정에 따라서 (잦은 담당자 변경 컴플레인, 팀제 운영 등) 담당자의 이름을 빼고 사무실 이름으로만 인사하는 곳도 있습니다. 즉 세무사무실마다 전화를 받는 방식이 다릅니다. 회사직원들이 전화를 어떻게 받는지 살펴본 후 메모를 하고 그 회사만의 첫 인사법을 기록해 봅니다.

3. 사무실에 전화가 온 경우

거래처 : 저 ○○○ 업체인데요, 담당자분 자리에 계신가요?
여기서 케이스 별로 답변을 살펴보겠습니다.

📷 case 1. 담당자인 경우

세무사무원 :
> 네 접니다. 대표님(상대의 직책을 불러줍니다.) 안녕하세요? 어떤 일로 전화 주셨나요?

📷 case 2. 담당자가 아닌 경우(담당자가 자리에 있음)
〈전화를 돌려주는 입장〉

세무사무원 :
> 네 대표님, 담당자분께 연결해 드리겠습니다. 잠시만 기다려주세요.

🔘 case 3. 담당자가 아닌 경우(담당자 부재 시)

> 담당자의 상황을 안내 후
> - 잠시 자리비움 : 잠깐 세면장 가셔서요.
> - 외근 : 지금 외근 중이십니다.
> - 휴가 : 오늘 담당자님이 연차이신데요.

> 상대방이 원하는 전달 방법을 제안합니다.
> - 담당자가 돌아오면 전화드리라고 할까요? (메모)
> - 메시지 남겨 드릴까요? (메모)

하루에 8시간씩 업무를 하다 보면 직원들이 근무시간 중 화장실을 가는 경우가 있습니다. 이때 '화장실 갔어요'라고 하기보다는 '세면장'이라는 명칭을 말해주는 것이 좋습니다. 금방 돌아오는 것이 아니고 시간이 걸리는 경우에는 '휴가 중, 외근 중, 출장 중, 미팅 중' 등의 자리 비움의 이유를 먼저 말씀해 주셔야 합니다. 그래야 거래처에서 지금 해결하고 싶은 일을 처리할 시기를 생각합니다.

특히나 휴가로 인한 장기 자리 비움의 경우에는 담당자를 대신하여 업무처리를 해줘야 하는 경우도 생깁니다. (지난 장에서 배운 민원서류 발급과 같은 서류 요청을 하시는 경우도 있거든요.)

🔘 case 4. 담당자는 부재중인데 거래처에서 바로 답변을 원하는 경우

거래처는 지금 당장 문제를 해결하고 싶습니다. 그리고 내 문제를 해결해 줄 사람을 찾습니다. 신입때는 바로 답해드릴수 있는 경우가 별로 없습니다. 그런 경우 가장 많이 실수하는 경우가 거래처가 선택한 담당자에게 바로 전화를 연결하는 것입니다. 연결하기 전에 전화를 받을 상사에게 전화를 돌려줘도 되는지 물어봐야 합니다.

이 이야기를 전달해보고 상사의 반응을 보면 앞으로 전화를 돌려도 되는지 안되는지가 파악이 됩니다. 이런 걸 보고 '사회생활 눈칫밥'이라고 하는데요. 이런 기회를 통해 회사 동료들의 성향도 파악할 수 있겠죠?

세무사무원 :

팀장님, ○○○님 거래처 ○○○에서 전화가 왔는데요. 바로 답변을 해주실 분을 찾는데 연결해드려도 될까요?

▶ 상사에게 물어보고 전화를 돌려야 되는 이유?

상사가 회사에 걸려오는 전화라면 무조건 응대를 해야 한다는 법은 없습니다. 그 이유는 세무사무실은 각자 거래처를 관리하는 경우가 많기 때문입니다. 즉, 본인 스타일로 거래처 기장을 하는 경우가 많습니다. 이런 경우 담당자마다 업무를 처리하는 방법이 다를 수도 있어요.

다른 담당자가 본인의 방식으로 대답을 해줬는데, 추후 업무처리에 곤란한 상황을 일으키는 경우가 종종 있거든요. 우선은 사무실 전체를 관리하는 최고참 팀장님(호칭편에서 파악한 최고 의사결정을 하는 실무자)에게 먼저 상황을 전달하고, 그 팀장님 지시사항에 맞춰서 전화 업무를 진행하면 됩니다.

마지막으로 거래처에서 세무사님을 찾는 경우에는 바로 돌려주지 않습니다.

[질문 있어요!]

Q. 왜 세무사님께는 전화를 바로 연결하지 않을까요?

→ 거래처에서 어떨 때 회사 대표를 찾나요? 문제 건이 중요한 경우
일 때가 많죠. 담당자 선에서 해결이 안 되는 부분이 있다던지요.
실무 부분의 간단한 업무들은 회사 내 직원들이 주로 담당을 합
니다. 그런데 사소한 일들까지 대표님들이 전화를 받게 되면요?
정말로 중대한 일과 구별이 안되겠죠? 거래처가 세무사님께 전
달할 이야기가 있는 경우에도 담당자가 기본적인 상황을 파악한
후에 세무사님께 보고하는 형식으로 업무가 진행된답니다. 거래
처에서 바로 세무사님을 찾는 경우에는 먼저 무슨 일인지를 꼭
물어봐야 합니다. 상대가 바꿔달라고 할 때 무조건 원하는 담당
자를 바꿔주는 것은 위험한 일입니다. 특히나 세무사님을 찾을
때는 메모를 남기는 것이 현명합니다.

이 상황으로 유추해 볼 수 있는 건 무엇일까요? 세무사님이 어
떤 거래처 관련 업무를 하고 있다면 '아무래도 큰 문제가 생긴 거
구나'라고 생각하고 분위기를 파악할 수 있겠죠? (세무사님께 기
장거래처가 없다는 가정 하에 말입니다.)

사무실에 전화가 왔을뿐인데 대응해야하는 경우의 수가 참 많죠? 기본적인 전화
예절뿐 아니라. 회사 내 업무 분담, 동료들의 업무 방법 및 분위기 파악도 자동으로 익
혀가고 있는거예요. 잘 배우고 있는것이니 힘내보자구요!

4. 메모하기

이번에는 담당자가 부재중이고, 거래처가 담당자에게 메시지를 남겨달라고 했습니다. 그럼 자리로 돌아온 직원이 해당 업무를 처리할 수 있도록 메모를 해야 합니다. 메모하는 방법도 같이 알아볼게요.

▣ 부재중 전화 메모에 꼭 들어가야 하는 내용

1. TO : 부재중인 회사(담당자)

2. 시간 : 전화가 왔던 시간은?

(이미 사무실에 부재중인 걸 알고 다른 회선으로 전화를 했을 수도 있기 때문에 시간을 적습니다. 전화가 걸려온 시간을 보고 담당자가 통화를 했는지를 파악합니다.)

3. 전화하신 분 : 누구에게 전화가 왔지?

(전화한 거래처 상호와 전화한 사람의 이름)

(거래처에 담당직원이 여러 명인 경우도 있으니 두 가지 다 기록합니다.)

□ 전화왔었습니다. □ 전화바랍니다. □ 다시전화하시겠답니다.

(메모를 전달받은 사람이 어떤 행동을 취해야 하는지 알 수 있겠죠?)

4. TEL : 다시 전화해야 할 연락처

5. MEMO : 상대방이 전화 한 이유와 내가 응대한 내용

5가지 항목을 모두 적어줍니다. 적은 메모지는 담당자에게 전달이 되어야 하고요. 메모가 잘 전달되었는지에 대한 확인도 필수입니다. 사무실 모니터나, 책상 위에 올려놓은 것이 끝이 아니고 그것을 보았는지 확인하는 것까지가 업무의 마무리입니다. 그래야 전화했던 거래처에게 연락이 갈 수 있으니까요. "○○님, 업체에서 전화 온 것 제가 메모해서 붙여놨어요"라는 멘트와 함께요.

5. 거래처가 아닌 경우 전화 응대법

🖥 **case 1. 광고(사무실에는 거래처 대표님들만 전화를 하는 건 아닙니다.)**

다양한 전화(법정교육이수, 광고 전화도 있음)가 왔을 때, 용건과 전화번호 등을 물어보고 이 전화를 연결해 주어도 되는 전화인지 파악하는 것도 중요합니다. 바꿔 달라고 해서 그냥 바꿔주어서는 안됩니다. (윗분들과 전화 연결을 위해서 무작정 대표나 윗사람을 찾는 경우도 있습니다.) 내가 확인하고 전화를 돌려드렸는데도 상사에게 지적을 받는 업체는 반드시 메모해 둡니다.

다음에 전화가 온다면 전화 연결을 하지 않도록 주의합니다. 그냥 "세무사님 계셔요?" 이렇게 말하는 사람들을 특히 주의하셔야 합니다.이럴 때는 "어디신가요? 어떤일로 전화 하셨어요?"라고 질문하면서 상대방이 전화한 이유를 정확히 파악해 봅니다. (상호,이름 정확히 물어보기)

🔊 **[질문 있어요!]**

> **Q. 바로 바꿔줄 수 없는 곤란한 전화의 응대 방법 다른 건 없나요?**
>
> → 사실 사무실에 있는 사람을 없다고 하고 전화를 거절하기가 어려운 경우가 있죠. 저는 그냥 자리에 안 계신다고 1차 응대를 합니다. 그리고 내용을 전달해 드리겠다고 하며 용건을 들어봅니다. 들어보다가 바꿔줘도 되는 전화 같으면 "아 잠시만요. 지금 들어오셔서 연결해 드리겠습니다"라고 한 후에 연결하기도 합니다.

🖥️ case 2. 사무실 위치를 물어보는 전화 (퀵, 거래처 방문)

입사하면, 첫 인사멘트 만큼 빨리 외워두어야 하는 멘트가 있습니다.

"사무실 방문하려고 하는데 위치가 어떻게 되나요?"

거래처나 우편, 택배, 퀵 서비스 등 우리 회사에 방문을 하거나, 물건을 전달할 때, 점심을 사무실에서 시켜 먹는 경우에도 자주 물어보는 질문입니다. 아마 여러분도 면접을 보러왔을 때 같은 질문을 누군가에게 하시지 않으셨나요? 이제는 여러분이 우리 사무실에 찾아오시는 분께 설명을 해주셔야 할 차례예요. 사내에 약도가 있다면 좋겠죠? 하지만 전화로 질문을 하는 사람에게 약도를 보여줄 수는 없잖아요. 전화를 거신 분들은 사무실로 오는 길을 내비게이션처럼 안내해 주기를 바라십니다. 약도를 봐도 어려운 경우가 있거든요.

> '우리 회사를 대중교통을 통해 오면 지하철 몇 번 출구로 나오는지?'
>
> '걸어오는 길에 보이는 큰 건물이나 가게의 이름은 뭔지?'
>
> '사무실이 대형 건물이면 출입구 번호는 몇 번인지?'

상대방이 사무실을 방문하는 경우에는 대부분 전화를 끊지 않고 계속 설명을 요구합니다. 시간을 내어서 천천히 생각해 보고 나만의 멘트를 만들어 봅니다.

> '내가 그 위치에서 온다면?'
>
> '나는 어떤 것을 보고 왔을까?'

🖥️ case 3. 대표님의 지인

회사로 대표님 지인들의 전화가 걸려오는 경우도 있습니다. 직장 동료의 지인 전화도 간혹 올때가 있습니다. 핸드폰으로 연락이 안되는 경우 사무실로 전화하는 분들이 계신데요. 당황하지 마시고, 메모를 남겨서 전달해 드리면 됩니다.

6. 종료 인사

통화 종료 시 기본예절은 간단합니다. 상대방이 먼저 끊는 것을 확인하고 수화기를 내려놓으면 됩니다. 한 달 동안 걸려오는 전화를 유심히 들어봅시다. 그리고 우리 회사의 전화 에티켓에 대해 알아본 것을 '우리회사 파악하기'에 적어봅시다.

● [우리 회사 파악하기]

※ 우리 회사의 인사 멘트는 무엇인가요?

※ 경력직 담당자가 휴가를 간 경우 급한 거래처 질문은 누구에게 전화를 돌려드리면 될까요?

※ 우리 회사는 지하철 몇 번 출구로 나오나요?

※ 걸어오는 길에 보이는 큰 건물이나 가게의 이름은 무엇인가요?

※ 사무실이 대형 건물이면 출입구 번호는 몇 번인가요?

※ 사무실에 자주 걸려오는 광고 전화는 어떤 게 있나요?

※ 거래처는 아니지만 정기적으로 연락 오는 사람이 있나요?

✍ 이메일(e-mail)

세무사무실은 거래처로부터 문서를 받아서 세금신고를 해야 하는 것이 많습니다. 그래서 이메일을 자주 사용해요. 거래처에 이메일을 보낼 때는 [요청업무자, 요청업무, 마감 기한, 비즈니스 인사를 잘 정리한 문장이 본문으로 들어가야 합니다. 비즈니스 메일은 보내는 법이 따로 있어요. 이를 공부할 수 있는 무료 사이트를 알려드릴게요. '아보카도 메일'이라는 프로그램인데요. 상황별로 비즈니스 문서를 보내는 예시가 있으니 살펴보시면서 비즈니스 메일이 무엇인지 파악해 보세요.

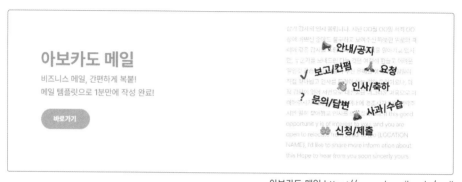

아보카도 메일 https://avocadomail.co.kr/mail

세무사무실에서는 어떤 자료를 주로 이메일로 보낼까요?

① 각종 신고 자료 안내문 (자료요청)

② 납부서 전달

이 두 가지 업무를 위한 이메일을 자주 보냅니다.

부가세 신고기간을 예로 들면 부가세 신고기간의 첫째 주 정도에는 자료를 요청하는 안내문을 보내는데요. 회사의 이메일 보내는 스타일을 보고 싶다면 보낸 메일함에서 과거에 보낸 메일로 파악할 수 있어요. 부가세 신고가 있던 달의 첫째 주에 자료요청 메일을 보낸 것을 찾아봅니다.

공용메일을 쓰는 경우 [보낸 메일함]을 통해 회사에서 사전에 보낸 메일을 볼 수 있고요. [보낸 메일함]에 메일이 없는 경우도 있겠죠? 그런 경우에는 받은 메일에서

RE : (답장)으로 온 메일들을 보다 보면 기존에 보냈던 메일의 본문을 볼 수가 있습니다. 회사에서 주고받은 메일을 보고, 복사를 한 후 양식을 바꿔서 연습을 해보면 됩니다.

혹시 다들 개인 메일로 업무를 처리하고 있어서 참고할 자료가 없으신가요? 그렇다면 제가 납부서를 보낼 때 사용한 마감 템플릿도 첨부하니 참고하셔서 비즈니스 메일 보내는 방법을 익혀 보세요.

예시 : 부가세 납부서 보내기

본문 포함될 내용 : 대표자 호칭

　　　　　　　　보내는 곳의 상호

　　　　　　　　전달하는 서류 장수(숫자) 파일 첨부

　　　　　　　　납부기간(숫자)

　　　　　　　　비즈니스 인사

메일을 잘 보냈다면 메일을 잘 받았는지도 확인해야 하며 읽지 않는 경우에는 재차 메시지를 보내야 합니다.

예시 : 수신확인 방법

앞서 전화 통화를 하고 메모를 전달하고, 전달한 메모를 잘 받았는지 확인하는 것까지가 업무의 한부분이라고 했었는데요. 이메일도 잘 도착했는지 확인하는 것까지가 업무의 완료입니다. 특히나 세무사무실에서 납부서를 전달하는 경우에는 거래처가 이메일을 확인하지 못해서 납부기한을 놓치는 경우가 종종 있습니다. 그런 경우 메일을 읽었는지 안 읽었는지 확인하지 않은 담당자에게도 책임의 소지가 생길 수가 있어요. 납부기한이 지나면 가산세가 붙는데 가산세를 세무사무실에서 내달라고 하는 경우도 있습니다. 이 점을 꼭 기억하고 수신확인까지 잘하는 세무사무원이 되어보자고요.

메일함에서 회사의 이메일을 찾아보았나요? 그럼 우리 회사의 이메일 스타일에 대해 '우리 회사 파악'하기에 적어볼까요?

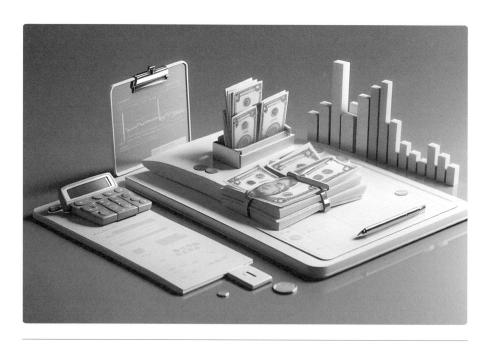

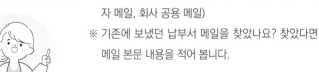

[우리 회사 파악하기] ※ 우리 회사는 이메일을 어떻게 쓰고 있나요? (ex. 각
자 메일, 회사 공용 메일)

※ 기존에 보냈던 납부서 메일을 찾았나요? 찾았다면
메일 본문 내용을 적어 봅니다.

📝 팩스(FAX)

FAX는 문서를 주고받는 커뮤니케이션 도구입니다. 이메일이 생기고 나서는 FAX의 사용 빈도가 많이 줄긴 했습니다. 하지만 회사에 FAX기가 있다면 회사의 FAX기의 사용 방법을 익혀야 해요. FAX를 보내는 방법은 기기마다 다르답니다. 요즘은 복합기도 많이 사용합니다. FAX, 프린트, 스캔이 되는 기기들도 있거든요. 회사에 따라서, 전자 FAX를 사용하는 경우도 있어서. 이런 경우에는 팩스가 컴퓨터에 저장되는 위치도 파악을 해야 합니다. 핸드폰을 사면 사용설명서를 보고 활용법을 파악하듯 FAX기도 똑같이 생각하시면 됩니다.

사회생활이 처음이라면 FAX를 본 적이 없는 분들도 계실 거예요. 그런 경우 가까운 관공서(동사무소)에 가면 팩스가 있습니다. 관공서에 들어가는 건 무료니 직접 가보시고 FAX기를 한번 살펴보세요. 회사에서는 아마 한 번 정도만 사용법을 알려줄 거예요. (그러니 메모를 꼭 해야겠죠?) 요즘은 유튜브나 제품 홈페이지에 들어가면 사용설명서가 자세히 나와 있으니 천천히 보면서 팩스 보내는 법을 익힙니다. 신입의 경우 회사에 손님이 오시면, 팩스보내는 방법을 물어보거나 보내달라는 부탁을 받는 경우도 있답니다.

기기 사용하는 방법을 익혔다면, FAX로 보내는 서류는 어떻게 작성해야 하는지 알아야 돼요. 이메일과 마찬가지로 [요청업무자, 업무요청, 마감 기한, 첨부서류장수(몇 장을 보냈는지), 비즈니스 인사] 등의 내용을 표지로 만들어서 관련 서류와 같이 보냅니다. 그리고 내가 팩스를 보내려고 팩스기기에 갔을 때, 다른 사람의 팩스가 온 게 있다면 담당자에게 전달을 해주세요. 전달이 어려운 광고 팩스도 많이 옵니다. 걸러내야겠죠? 그중에서 세무사회 교육 신청과 같은 중요한 자료가 FAX를 통해서 오는 경우가 있어요. 이런 서류는 회사 팀장님에게 바로바로 가져다드려야 합니다.

그럼 회사의 팩스기기를 잘 살펴보고, 우리 회사의 팩스 사용법을 적어볼까요?

FAX 표지 양식이 회사에 없다면? 탬플릿 다운로드 받으셔서 사용하세요.

[우리 회사 파악하기]

※ 우리 회사의 팩스 번호는 무엇인가요?

※ 회사의 팩스기기에는 어떤 기능이 있나요?

※ 팩스 보내는 방법은 무엇인가요?

✎ 복리후생

복리후생은 회사의 다양한 복지제도인데요. 이 장에서는 이를 통틀어서 이야기하려고 합니다. 세무사무실에는 어떤 복지들이 있는지, 그와 관련하여 에티켓이라고 부르는 것들에 대해 함께 알아보겠습니다.

1. 점심

회사마다 점심 문화는 다양합니다. 여러분들이 다니는 회사가 식대를 회사에서 제공한다면 (식대를 회사 카드로 사 먹는 경우) 한 끼에 결제해야 할 식사 금액이 정해져 있는지를 파악해야 합니다. 음식만 보지 말고 금액을 살펴봐야 해요. 회사 점심은 우리가 외식을 할 때, 맛있는 음식 찾기에 중점을 두고 메뉴를 고르는 것과는 조금 다릅니다. 적당한 비용의 점심을 먹는 게 좋아요. 물론 먹는 것에 복리를 아끼지 않는 사무실도 있지만 회사마다 분위기가 다릅니다. 사수분들이 얼마짜리 밥을 주로 먹는지 파악합니다. 적어도 그 선은 넘지 않게 음식을 시키는 것이 좋습니다. 혹은 다른 직원이 사비로 결제하는 게 있다면 무엇인지도 확인해 봅니다. 그리고 점심을 따로 먹어도 되는 분위기인지, 아니면 같이 먹는 분위기인지도 파악해야 합니다.

따로 먹는 경우에는 영수증 처리는 어떻게 해야 하는지도 물어보면 좋습니다. 개인적인 선호도가 분명히 있겠지만 입사 초반에는 기존 직원들이 해오던 문화를 따라가면서 적응해 가는 것이 좋습니다. 무조건 옳거나 그른 것은 없지만 기존에 하는 방식대로 하길 원하는 상사가 있는 회사라면 그 부분을 파악해서 그대로 맞춰야 회사 생활이 편하거든요. 배달을 시키는 경우 배달을 시키는 업무는 누가 하는지, 메뉴는 어떻게 정하고 있는지도 파악해 보세요. 회사에 따라 점심을 먹고도 휴게시간을 같이 보내는 게 당연한 사무실이 있고, 각자의 시간을 보내는 사무실도 있답니다.

일단은 적응하고, 분위기를 봐서 바꾸고 싶거나 개인적인 선호도를 조금씩 어필하는 것이 좋아요. 어쩌면 이게 사회생활일지도 모르겠네요.

2. 간식

간식은 회사에서 공동으로 사는 경우도 있고. 어떤 곳은 그런 복지가 없기도 합니다. 간식 제공이 의무는 아니니까요. 요즘은 점심 후 커피도 많이 마시는 편이죠? 식후 커피는 회사 카드로 사는지, 아니면 각자 돌아가면서 사는지도 살펴봅니다. 어떤 회사는 혼자 자기 사비로 간식을 먹으면 뭐라고 하는 회사도 있습니다. 회사마다 간식을 즐기는 스타일의 사무실도 있고, 직원들이 뭘 잘 안 먹는 분위기의 회사도 있고 무척이나 다양하답니다. 일단 한 달 정도는 이런저런 직원들의 일상생활도 파악을 해보면 좋습니다. 정답은 없지만 회사만의 문화는 반드시 있고 그것을 벗어나는 행동을 하면 눈치 없다는 소리를 들으니까요.

3. 초과 근무 시 식사

세무사무실은 바쁜 기간에 야근을 하게 되면 저녁이 제공되는 경우가 있습니다. 이것도 몇 시까지 일하는 경우 저녁을 제공한다는 가이드가 있는 곳도 있지만 때론 없는 곳도 있습니다. 밥을 먹었는데 상사가 생각하는 시간보다 빨리 퇴근을 하게 되면 '○○시까지 일을 하는 게 아닌데 밥을 왜 먹었지?'라고 생각하는 회사도 있어요. 바쁜 상반기에는 주말 출근을 하는 경우도 있는데요. 오전 근무는 안 하고, 점심시간에 와서 점심을 먹으면서 오후에 일을 하는 경우, 어떤 곳은 괜찮다고 생각하지만, 어떤 곳은 왜 굳이 점심시간 맞춰서 와서 밥을 먹냐 등등. 정말 다양합니다.

이런 보이지 않는 룰이 회사마다 존재해요. 초과 근무가 생기는 시기에 이 사무실 식사 분위기도 체크해 보시면 좋을 것 같습니다.

4. 연차 휴가

5인 미만의 사무실의 경우에는 연차가 의무가 아닙니다. 하지만 회사에 따라서 5인 이상의 회사에서 주는 만큼의 연차를 주는 경우도 있습니다. 아무래도 이 업계가 업무강도가 높다 보니 그런 혜택을 주시는 경우도 있는 것 같아요. 연차가 있다고 가정하고 이야기를 해볼게요. 회사의 연차를 잘 사용하기 위해 주의해야 할 점이 있어요. 연차 사용 시 며칠 전에 알리는 걸 센스라고 생각하는지를 체크하는 것입니다. 그리고 말로는 알아서 쓰라고 하지만 막상 연차를 내서는 안 되는 날이 있지는 않은지를 파악해 봐야해요.

또한 연차 말고 반차 제도도 있는데, 회사마다 오전 반차와 오후 반차의 시간이 다릅니다. 그런 경우 직원들끼리 오전 오후 반차 사용을 놓고도 신경전을 벌이는 경우가 있어요. (원칙은 하루에 4시간, 9시~1시, 2시~6시입니다. 단 회사마다 점심시간을 기준으로 반차 기준을 나누는 사무실도 있어요.) 개인적으로는 세무사무실에서 연차를 내서 이슈가 되었던 상황을 살펴보면 바쁜 신고기간, 신고 마감일, 샌드위치 연휴 등에 통보식 연차를 내는 경우가 많았어요. 남들 다 바쁠 때, 혹은 남들 다 쉬고 싶을 때 연차를 내면 회사가 아예 문을 닫는 게 아니라면 누군가는 출근을 해야 하거든요. 직원들끼리 조율이 필요한 경우도 있고, 회사 오너의 성향에 따라 이것만큼은 지켜달라는 보이지 않는 룰이 있는 경우도 있답니다. (사무실에 몇 명 이상은 꼭 있었으면 좋겠다. 휴가는 몇 명 이상 가지 않았으면 좋겠다 등)

회사마다 다양한 조직 문화가 있기 때문에 입사 첫 달에는 연차 내시는분들이 있으면 어떻게 이야기하고 가는지 파악해보면 트러블 없이 연차를 누릴 수 있겠죠?

적응 기간에는 점심 후 티타임 등을 가지면서, 회사에 대한 궁금증을 직원들과 나누는 시간을 만들어 보세요. 업무시간에는 물어보기 어려웠던 것들도, 혹은 잘 이해가 안 가는 회사의 문화에 대해서도 소소한 대화 토크 주제로 꺼내 보는 거죠. 함께 식사하거나, 간식을 먹는 시간이 중요하더라구요. 맛있는 음식을 함께 하는 시간을 통해 가벼운 분위기에서 편안하게 물어보고 원하는 답도 들을 수 있는 경우가 많습니다.

한 달 동안 알아본 우리 회사의 복지에 대해 한 번 적어볼까요?

● [우리 회사 파악하기]

※ 우리 회사는 식대가 제공되나요? 아니면 월급에 포함되나요?

※ 식대가 따로 제공되는 경우 1일 한도 금액이 있나요?

※ 회사에 간식이 있나요?

※ 간식을 혼자 사 먹어도 되는 분위기인가요?

※ 야근을 할 때 식대 등이 제공되는 경우 몇 시까지 일을 해야 한다는 기준이 있나요?

※ 우리 회사의 반차 시간은 오전 오후가 어떻게 다르나요?

※ 연차는 며칠 전에 누구에게 이야기하면 되나요?

※ 연차를 내지 말아야 하는, 혹은 상의를 해야 하는 날짜가 있나요?

✏️ 비품

'비품과 회사 생활 에티켓과 무슨 상관이 있을까?'라고 생각하실 수 있을 것 같아요. 그런데 아주 중요합니다. 비품 관련 에티켓에는 어떤 것들이 있는지 하나씩 살펴볼게요.

1. 프린터

프린터를 쓰는데도 에티켓이 있습니다. 세무사무실은 신고서 프린트를 많이 해요. 물론 요즘에는 페이퍼리스 회사도 많긴 합니다. 하지만 일반적으로는 출력을 많이 하는데, 회사마다 프린터 개수가 다릅니다. 사무실마다 프린터 1개를 가지고 모든 직원들이 다 같이 사용하는 경우도 있고, 각 직원별로 프린터를 사용하는 경우, 혹은 몇 명이 팀이 되어서 사용하는 경우 등 매우 다양합니다. 각자 쓰는 경우는 문제가 될 건 없는데요. 새로운 프린터를 사야 하는 경우 입사순으로, 경력순으로 좋은 프린터를 가져가는 경우가 있습니다. 그리고 함께 프린터를 쓰는 경우에는 출력을 할 때 내가 출력한 자료와 다른 사람이 출력한 자료가 섞이는 경우가 있어요. 그래서 회사마다 출력시간을 정해서 뽑는 경우도 있더라고요. 회사가 프린터를 공동으로 사용하는 경우에는 사람들이 프린터를 어떻게 쓰는지 유심히 살펴보세요.

프린터를 사용한다면 아마 이면지가 나올 거예요. 이면지는 어떻게 처리하는지도 잘 알아두면 좋겠죠? 이면지라고 표시를 해서 따로 모으는 경우도 있고요. 파쇄기를 사용하는 경우도 있습니다. 우리가 뽑은 신고서는 거래처 사장님들의 개인정보가 들어가 있기 때문에 버릴 때도 유의해야 합니다. 특히 회사의 파일에 꽂아두는 서류를 이면지로 쓰는 경우가 있는데요, 개인정보가 보이지 않게 출력하셔야 합니다. 제가 이관받은 거래처의 신고서 뒷장에서 다른 사업자의 신고서를 본적이 있는데요. 개인정보 유출은 정말 각별히 신경을 써야 합니다. 프린트한 서류를 찍어서 개인 SNS에 올리는 행동도 당연히 하면 안 되구요.

2. 개인 사무용품

요즘은 유튜브에 사무실 브이로그가 많다 보니 사무실 책상 풍경을 보고 궁금해하시는 분들도 많으셔서 적어봅니다. 우선 세무사무실에서 많이 쓰는 사무용품은 사는 것인지? 아니면 회사에서 주는 것인지? 또는 어떤 사무용품을 사주는지? 등에 대해서도 궁금해하시더라구요.

사무실마다 기본적인 사무용품들은 구비가 되어 있답니다. (계산기, 노트, 샤프, 볼펜, 형광펜, 칼, 자, 가위, 딱풀, 포스트잇 등) 이걸 사주지 않는 사무실은 없고요. '난 8시간이나 근무하는 사무실에서 내가 원하는 사무용품을 쓰고 싶어!' 하시며 본인 사무용품을 가지고 다니시는 분들도 계십니다.

세무 일을 하시면 계산기 사용이 필수입니다. 직원마다 선호하는 계산기가 있으시더라고요. 본인 전용 계산기를 쓰시는 경우가 있어요. 아무래도 계산기마다 숫자나 기호의 위치가 다르다 보니 익숙해지면 쉽게 바꾸지 않는 전자용품 중에 하나인 것 같습니다. 그래서 개인적으로 구매해서 사용하다가 퇴사 시 가져가시는 분들을 많이 보았습니다. 저는 사무실에서 신는 슬리퍼는 자비로 샀습니다. 슬리퍼의 경우는 대부분 개인적으로 구매하시는 것 같습니다.

그 외에도 제가 자주 쓰는 물건(개인 컵, 칫솔)은 사비로 지불했었네요. 내가 내 돈으로 사는 걸 보고 뭐라고 하는 사람은 없습니다, 좀 특이하지만 자주 사는 아이템으로는 겨울에 덮는 무릎 담요나 발 히터 같은 것도 많이들 삽니다. 하지만 회사마다 개인적으로 사지 말라고 할 수도 있습니다. 아무튼 다양한 문화가 있을 테니 다른 직원들의 사무용품도 보면서 그 사무실을 파악하면 되겠죠?

● **[우리 회사 파악하기]**

※ 우리 회사의 프린터는 몇 대인가요?

※ 프린터 사용 에티켓이 따로 있나요?

※ 개별로 구입해야 하는 사무용품이 있나요?

☐ 입사 1달 안에 파악해야 하는 회사생활 에티켓 Summary

☑ 1. 회사직원들 호칭 파악하기 ~ 씨(x), ~ 님(환영받는 끝말)

☑ 2. 회사에서 나의 사수 찾기(내가 배울 수 있는 사람을 찾기)

☑ 3. 회사의 전화 예절(상사분들의 전화응대 방법 익히기)

☑ 4. 회사의 이메일 예절(회사가 거래처에 보내는 탬플릿 찾기)

☑ 5. 회사의 FAX 예절(FAX 보내는 법, FAX 표지 작성법 익히기)

☑ 6. 회사의 복리후생(식대, 연차문화)

☑ 7. 회사의 비품(프린터 사용법 익히기, 개인적으로 사야 하는 사무용품)

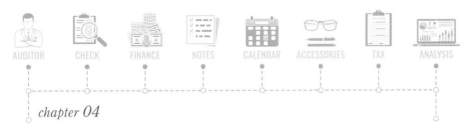

chapter 04

입사 3개월까지,
세무사무실 업무 미리 맛보기

이번 장은 입사 후 하는 업무 미리 맛보기 편입니다. 자격증을 바로 따고, 실무를 전혀 해보지 않은 상황에서 내게 닥칠 업무를 미리 맛봅니다. 자격증과 실무의 다른 점, 그로 인해 추가로 학습해야 하는 것, 관련 업무를 할 때 거래처가 자주 하는 질문과 그에 따른 응대법을 위주로 담아 보았습니다. 그전에 세무사무실에서 거래처의 담당자가 되는 것에 대한 이야기부터 하고 시작하도록 할게요.

▣ 첫 거래처를 받았다면?

세무사무실 입사 후 3개월 안에 나에게 일어날 수도 있고 일어나지 않을 수도 있는 일이 하나 있습니다. 바로 내 거래처가 생기는 기회입니다. 아마 세무사무실에 지인이 있으신 분들은 거래처를 받는 게 무슨 의미인지 아실 거예요. 입사 시 아무 정보가 없었던 저는, 거래처 받는 게 무슨 의미인지 몰랐습니다. 그래서 사수가 저에게 "거래처 받을래? 아니면 나와 함께 업체를 같이 관리할래?"(세무사무실용어로 서브 업무라고도 합니다.)라고 말씀하셨을 때. 사수에게 알아서 정해 달라고 했었는데요. 사수가 계획이 있어서 거래처를 안 주는 경우도 있지만, 신입직원을 내업무의 보조로만 쓰고 싶어서 거래처를 주지 않는 분들도 계십니다. 회사에서 나의 담당 거래처 이야기가 나올 것을 대비해 나의 입장을 먼저 준비해 두셔야 합니다.

결론부터 말하면, 거래처는 받는 게 좋습니다.

왜냐하면, 내 거래처라고 이름이 적힌 거래처들을 기장하는 것과 사수의 업무를 도와주는 것은 마음가짐이 전혀 다를 수 밖에 없기 때문입니다. 나의 업무에는 '책임감'이라는 단어가 붙습니다. 책임을 진다는 것이 신입의 입장에서는 부담이 많이 가는 일입니다. 하지만 걱정하지 마세요. 회사는 절대로 손해 보는 일은 하지 않는 기업입니다. 기장거래처 난이도가 나뉩니다. 회사는 신입에게는 관리난이도가 낮은 거래처들을 줍니다. 그래야 거래처에서도 담당자가 연차가 낮다고 해도 크게 동요하지 않거든요. 경력자들에게 더 중요한 업체 관리를 시켜야 하기도 하고요.

실무자로서도 내 거래처 신고서를 마감해 보면 업무에 자신감이 생깁니다. 저는 당연히 사수가 알아서 거래처를 주실 것이라고 생각했습니다. 일을 배우는 처지에 의견을 내는 것은 건방진 일이 아닐까라는 생각도 했었습니다. 하지만 사수는 저를 본인의 서브 직원으로 쓰고 싶으셨습니다. 그래서 제게 거래처 이야기를 할 때도 공포감을 조성하셨죠.

"거래처를 주면, 네가 다 할 수 있겠어?"

저는 두려움을 느꼈습니다. 잘하지도 못하는데 부담감만 늘어난 기분이었거든요. 그래서 거래처를 안 받겠다고 했지요. 그런데요. 담당 거래처가 없으면 거래처 사장님들은 나의 존재를 모릅니다. 그럼 나는 쉽게 대체될 수 있는 사람이 됩니다. 저는 그 일이 있던 날, 사수와 나누었던 거래처 관련 이야기를 동료 직원들과도 이야기를 나눴었는데요. 다른 직원들은 거래처는 무조건 받아야 한다고 하시더라고요.

"네 거래처가 있어야 성장할 수 있어."

그래서 저는 그 길로 다시 거래처를 받겠다고 말씀드리고 거래처를 받았습니다. 회사마다 운영방침이 다르긴 하지만 저는 거래처 없이 일을 시작하는 기간을 최소화하라고 말씀드리고 싶어요. 입사 당시 거래처를 받지 않은 분들 계시죠? 입사 3개월 정도까지는 기다려 보세요. 그리고 회사에서 시킨 일을 잘 해내 가면서 일을 열심히 배우는 자세를 보여주세요.

3개월 후에는 "거래처를 언제쯤 주시나요?"라고 한번 여쭤보세요. 적은 거래처라도 받아서 내 거래처를 관리하는 경험을 해보셔야 합니다.

자, 그럼 진짜 실무 맛보기를 시작해 보도록 하겠습니다.

✍️ 업무기초세팅

입사 후에 첫 번째로 경험할 실무업무는 홈택스에 있습니다. 내가 다니는 사무실의 [부서 아이디]를 만드는 건데요. 홈택스의 기능은 출근 전 준비운동 편에서 같이 알아봤었죠? 한번 더 복습해 보면 세무대리인에게 세금신고를 맡긴 사업자를 거래처라고합니다. 그리고 이 세금신고를 대행하는 서비스의 이름은 기장이고, 거래처에서 받는돈은 기장 수수료라고 합니다. 그래서 회사에서는 기장거래처의 세금 신고를 대행한다고 이야기를 합니다. 세금신고를 하려면 거래처가 발생시킨 매출과 매입 받아서 검토해야 하는데요, 요즘은 거래처의 매출 매입을 주로 전자세금계산서로 발행을 합니다. 그 자료는 홈택스에 저장이 되구요. 쉽게 말하자면 홈택스는 국내의 모든 사업자의 세금계산서, 신용카드 정보를 가지고 있는 저장공간이라고 생각하면 됩니다.

거래처는 이 세무사무실에 세금 신고를 맡기겠다는 '수임' 계약을 체결합니다. 거래처가 본인의 업무를 대신 처리할 권리를 주는 행위를 수임이라고 하는데요. '우영우 변호사가 사건을 수임한다'처럼 세무사무실에서도 업체와 기장 관계를 맺는 일에 '수임'이라는 단어를 씁니다.

수임동의

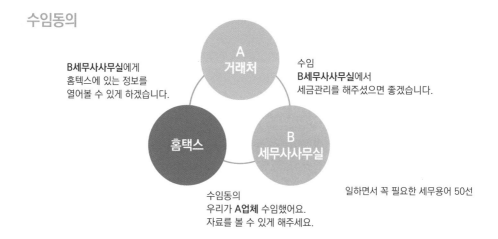

B세무사사무실에게
홈택스에 있는 정보를
열어볼 수 있게 하겠습니다.

수임
B세무사사무실에서
세금관리를 해주셨으면 좋겠습니다.

수임동의
우리가 A업체 수임했어요.
자료를 볼 수 있게 해주세요.

일하면서 꼭 필요한 세무용어 50선

기장계약이 완료되었다면, 우리회사가 거래처의 세무대리인이라는 것을 '홈택스의 기장대리 수임납세자등록'이라는 과정을 통해 알립니다. 거래처에서도 '기장대리 수임동의'에서 세무사무실 상호를 확인하고 수임등록이 된 후 회사의 홈택스 공인인증서로 로그인을 하면 기장 거래처의 세금신고할 자료를 볼 수 있습니다.

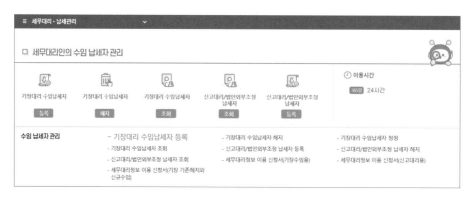

입사하면 회사공인인증서를 컴퓨터에 설치해주실꺼예요. 또한, 이 인증서는 회계 프로그램이랑 연동이 됩니다. 스크래핑 작업을 통해 홈택스에 있는 거래처의 자료들을 회사의 회계프로그램에 끌어올 수가 있어요. 입사 후 사용할 회계프로그램의 아이디와 비밀번호도 제공을 해줍니다.

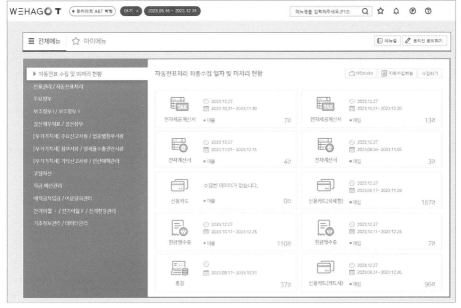

회계프로그램 스크래핑 화면(위하고)

위 화면이 세무프로그램에서 홈택스에 있는 자료들을 끌고 오는 스크래핑 화면입니다. 그런데 직원들이 회사의 공인인증서로 동시에 로그인하면 홈택스 사이트에서 이중접속으로 감지가 되어 로그인이 자동 해제가 되어 버려요. 하지만 회사 부서 아이디로 가입이 되어 있으면 로그인을 유지할 수가 있어요. 그래서 세무사무실에서는 직원마다 각각의 개인 아이디를 만들어 줍니다. 이 아이디 이름이 부서 아이디입니다.

부서 아이디를 부여받는다는 건 내가 이 사무실의 직원으로써 회사와 수임을 맺은 거래처와 관련한 자료들을 볼 수 있는 권한을 받을 수 있다는 뜻이에요. 앞으로 이 아이디와 비밀번호가 회계프로그램 스크래핑, 홈택스 로그인, 홈택스 신고 등 모든 곳에서 활용할 수 있는 ID 및 PW로 사용이 된답니다.

부서 ID 만드는 법

부서아이디는 회사에서 직원들 아이디와 비번을 공통으로 설정하여 안내해 주는 경우가 있습니다. 부서 아이디를 부여받는다면 쓰시고, 등록부터 해야 하는 상황이라면 회사 내부 지침을 참고하셔서 부서 아이디 등록을 하면 됩니다. 부여받은 부서 ID는 회사프로그램에 전자신고용 ID로 입력 후 앞으로 사용하시면 되세요.

여기까지 세팅이 다 되면 세금신고하는 첫 번째 도구의 세팅은 모두 완료된 거랍니다.

원천징수제작(국세청용)	제출자구분	데이터조회

전자신고에 대한 제출자 구분 내역

*신고구분	1. 세무대리인 ⌄
*성명	
*상호	
*전자신고사용자ID	2. 개별 ⌄
*사업자등록번호	
법인(주민)등록번호	
사업장주소	
전화번호	
사업장세무서코드	
이메일	
관리번호	
조정반번호	
제출자구분	1. 세무대리 ⌄

제출자 구분 화면, 회사의 기본 정보를 볼 수 있습니다(위하고)

[질문 있어요!]

Q. 그 외에 회사에서 업무를 위해 직원에게 제공하는 정보는 무엇이 있는지요?

- 회사의 사업자등록 번호, 대표 세무사(회계사)님의 주민등록번호, 관리번호, 조정반 지정번호

  ⇒ 프로그램 전자신고 제출자 부분에 기본세팅이 되어 있습니다. 간혹 업무시 번호가 필요한 경우가 있으니 보고 업무에 사용하시면 됩니다.

- 관리번호 : 세무사(회계사)님 면허 번호

  ⇒ 조정반 지정번호 : 외부조정이 필요한 신고서에 들어가야 하는 번호 입니다. 2명 이상의 세무사님으로 구성되고 별도의 지정번호를 부여 받아요. 프로그램에 입력이 되어 있는 경우가 많긴 하지만 용어를 알아두면 도움이 되겠죠? (법인세와 소득세 신고시 필요한 번호예요)

- 회사 메일 아이디 비밀번호

- 각종 회사 활용 프로그램의 아이디 비밀번호

- 회사 도장 위치, 우편함 위치, 서류 위치 등등

 POINT

▶ 업무기초세팅 맛보기

1. 홈택스 부서아이디 만들기(or 부여받기)
2. 공인인증서 컴퓨터에 복사하기
3. 회계프로그램 ID/ PW 부여받기
4. 공인인증서, 부서 ID/PW 회계프로그램에 세팅 후
   업무시작할 준비 완료하기

📝 거래처 파악하기

이번에는 업체(거래처)파악입니다. 업체 파악이란 전에 신고한 내용을 파악하는 의미로도 많이 쓰는말 인데요. 저는 세무 일을 하려면 사업이 돌아가는 구조를 아는 것이 제일먼저 배워야할 실무라고 생각해요. 정말 아무도 알려주지 않는 내용이기 때문에 제가 이 부분에 대해서는 자세히 설명드리려고 합니다.

1. 이 거래처는 무엇을 파나요?

처음받는 업체를 파악 하려면 해당 회사가 어떤 상품이나 서비스를 만들어서 판매하는지를 우선 알아야 합니다. 무엇을 파는지에 대한 파악이 먼저 이루어지고 나면, 그 사업을 할 때 어떤 관련 증빙 영수증들이 생길지도 연결해서 생각을 이어나가야 해요. 판매방법을 먼저 설명해 볼게요.

사업이란?

판매방법	무엇을 파나요?	매입	매출
제조	제품을 직접 만들어 팔아요.	어디서 만들까?	사업자
도매	완선된 물건을 사서 가격을 더 붙여 팔아요.	어디서 살까?	사업자
소매	도매상에게 산 물건을 직접 소비자에게 판매해요.	어디서 살까?	매장 플랫폼
서비스	노무[인력]를 제공하고 가치를 팔아요.	누가 서비스를 하나?	소비자? 사업자?
임대	건물에 임대를 주고 사용료를 팔아요.	건물은 어디에?	임차인?

▣ 제조

제조는 제품을 직접 만들어서 파는 것을 말해요. 제품을 만들려면 어딘가 만들 장소가 필요하겠죠? 제조는 대부분 공장이 필요합니다. 그럼 공장에서 제품은 누가 만들까요? 사람이 만들겠죠. 제조업을 한다고 하면 '장소. 사람. 만들 물건의 원재료가 필요하다'라는 식으로 생각을 확장해 나갑니다. 그럼 관련된 매입자료를 받으실 거고, 물건을 제조한 후에 만들어진 물건은 도매상에 팔아서 매출이 일어납니다. 이렇게 거래처의 사업구조와, 거래처가 사업을 할 때 생기는 각종 증빙유형을 파악합니다.

▣ 도매

도매는 물건을 직접 만드는 게 아니고, 누군가가 제조한 물건을 사서, 그 물건에다가 이익을 붙여서 파는 사업의 형태를 말합니다. 도매업을 하는 회사들은 물건을 어디서 사올까요? 물건을 제조한 곳이겠죠? 물건을 사 오면 관련 매입세금계산서를 받아야 되요. 만약에 수입을 한다고 한다면 수입 관련 증빙을 받을 거고요. 산 물건을 저장해두는 경우 도매업도 창고가 필요합니다. 그럼 임대료가 발생을 하겠죠. 회사의 규모에 따라 도매한 물건을 같이 파는 직원과 사무실 관리 직원 등이 생기면 이 회사에는 인건비가 생길 것입니다. 도매사업자는 또 다른 도매사업자에게 물건을 팔면서 매출이 일어납니다. 도매업을 하며 생기는 증빙유형은 제조와 비슷해요.

▣ 소매

소매는 도매상에게 산 물건을 소비자에게 팝니다. 소매사업을 하는 분도 미리 팔 물건을 사둡니다. 물건을 사온 곳에서 매입세금계산서가 끊길거고요. 소매업자분들은 물건을 어디에서 파나요? 본인의 오프라인 매장, 인터넷 쇼핑몰 등 다양한 소비자를 만날 수 있는 곳에서 판매를 하며 매출이 일어납니다. 소비자는 사업자등록증이 없습니다. 그래서 물건을 살 때, 신용카드나 현금영수증을 통해서 물건을 구입해요. (여러분이 직장인이라면, 여러분이 일반 소비자인 거예요.) 소매업은, 제조, 도매와는 다르게 신용카드, 현금영수증으로 발생하는 매출증빙이 일어납니다.

▣ 서비스

서비스란 물건이 아닌 지식이나 용역(사람의 노동을 통한) 서비스를 파는 것을 말합니다. 세무대리업도 서비스고요. 일상에서 주로 서비스사업이 라고 부르는 것은 미용실이나, 배달 등이 있습니다. 모든 사업은 우리 일상생활과도 연결이 되어 있기 때문에, 주변을 둘러보며 사업의 형태를 파악하면 이해가 쉬워요. 미용실에 가면, 우리는 미용약품 값보다는, 내 머리를 예쁘게 다듬어주는 디자이너의 손길에 돈을 내잖아요? 그래서 서비스업은 인력에게 주는 월급, 인건비 증빙이 발생합니다.

서비스업은 누구에게 서비스를 팔까요? 사업자와 소비자 모두에게 판매가 가능합니다. 서비스사업을 하시는 분들은 세금계산서매출, 신용카드 매출, 현금영수증 매출 등이 발생할 수 있습니다.

똑같은 핸드폰이라고 하더라도

핸드폰 제조업

핸드폰 도매업

핸드폰 판매매장

핸드폰 서비스센터

판매방법에 따라, 각 사업별로 어떤 매출과 매입을, 누구와 어떤 방식으로 주고받는지를 파악하는 것이 업체 파악의 첫걸음이에요.

▣ 임대업

임대업은 앞에서 알아본 물건,서비스를 파는 것 과는 다르게 건물을 소유하고 있으신분들이 다른사람에게 세를 주고 임대료를 받는 것을 말해요. 주로 사업자 분들과 거래를 하기 때문에 매출세금계산서가 발생을 합니다.

2. 어디서, 어떤 방법으로 돈을 받나요?

무엇을 파는지 알아봤다면, 물건을 팔 때 어떤 증빙을 발행하는지를 알아야 합니다. (부가세 신고할 때 이 자료들이 필요하거든요.)

매출	증빙
제조 및 도매업을 하는 경우	세금계산서, 계산서 매출
오프라인 매장이 있는 경우	신용카드 단말기로 판매한 신용카드, 현금영수증, 현금거래 매출
플랫폼 매장에서 물건을 파는 경우	플랫폼 회사에서 구매한 분들의 신용카드, 현금영수증, 기타 매출
해외에 물건을 파는 경우	수출신고필증

사업장이 매출을 어떻게 일으키는지를 우선 파악 한 후 이런 매출을 일으키는 사업자에 어떤 증빙(세금계산서, 계산서, 신용카드, 현금영수증, 플랫폼매출)이 발생할 것인지를 파악한 후에 거래처에 관련 자료를 달라고 이야기를 합니다. 이게 제가 생각하는 업체를 파악하는 방법이에요. 여기까지 할 수 있으면 나중에 부가세 신고 때 거래처의 매출자료 받는 일까지 할 수가 있답니다.

3. 기초정보

거래처가 어떤 사업을 하는지는 사업자등록증에도 힌트가 있습니다. 이 서류에 거래처의 기초 정보가 다 들어있습니다. 사업자등록증이 없는 경우 홈택스에서 '사업자등록증명원' 이란 민원증명을 발급하여 기초사항을 확인해 보아도 됩니다. 사업자등록증의 업태 종목을 보면서 '아, 이 사업자는 이런 사업을 하고 있구나'라고 파악할 수 있습니다.

이렇게 사업구조를 파악하게 되면, 사장님들이 파는 물건과 서비스에 따라서 물건을 팔고 남는 이익금을 계산을 하게 됩니다. 어떤 사업은 이익이 상당이 많이 나고, 어떤 사업은 그렇지 않아요. 거래처에서 발생한 이익을 가지고 앞으로 법인세와 소득세 신고를 하게 됩니다.

Q. 사업자등록증을 통해 알 수 있는 정보는 어떤 것들이 있는지요?

- 사업자유형 :

  ⇒ 법인 vs 개인

- 사업자등록번호 :

  ⇒ 사업자의 세금신고를 하는 고유 번호(세무서에서 지정)

- 회사대표자 이름 :

  ⇒ 사업자등록증의 대표

- 사업장소재지 :

  ⇒ 사무실 위치(사무실 위치에 따라 관할 세무서 결정)

- 추가로 알아두어야 하는 정보

  ⇒ 담당자 : 거래처의 앞으로 세무 일을 물어봐도 되는 담당자

  연락처 : 거래처 담당자의 연락처

  기장료 : 이 회사의 업무를 하면서 받는 수수료

POINT

▶ **거래처 파악 맛보기**

1. 담당 거래처의 사업자등록증을 보고 업대. 종목을 파악하기
2. 담당 거래처의 업태를 보고 사업구조를 생각해보기
3. 거래처에 발생할 증빙이 무엇이 있을지 적어보기

 전화응대

이번에는 전화(거래처)응대입니다. 지난 사회생활 기본 에티켓에서는 전화를 받는 기초 에티켓에 대해서 알아봤다면 이번 편에서는 거래처와 업무 관련 연락을 전화로 해야 하는 경우에 대해 중점적으로 다뤄보겠습니다.

▣ 거래처에게 전화 통화로 전달해야 할 업무

세무사무실에서 거래처와 소통하는 방법에는 여러 가지가 있습니다. 특히나 요즘 MZ 세대는 콜포비아 세대라고도 부르죠. 전화보다는 카톡 메시지가 편한 세대, 무작정 전화를 거는 게 예의가 아닌 시대이기도 합니다. 일터에서의 전화 통화 커뮤니케이션은 서로에게도 피하려면 피하고 싶은 난이도 '상'에 가까운 소통 방법으로 자리잡아 가고 있습니다.

이런 시대의 흐름에 맞게 세무사무실에서도 전화 업무가 급속도로 줄고 있는 것이 사실입니다. 간단한 질문 등은 업무용 카톡이나 이메일로 많이 소통을 하죠. 모르는 것이 많은 신입 시절에는 문서나 글을 통해서 메시지를 전달하는 것이 더 편해요. 이메일이나 카톡 답변 등 사수나 회사의 매뉴얼화된 글을 복사해서 전달하는 식으로 업무 처리를 할 수 있으니까요. 하지만 그럼에도 불구하고 전화 통화로 업무를 진행해야 하는 경우들이 있습니다. 특히 세금납부 관련 전달 업무는 전화로 커뮤니케이션을 하는 것이 좋아요. 우리가 하는 일이 눈에 보이지 않는 일이기 때문에 앞뒤 설명 없이 세금납부서를 드리면 거래처에서 당황해하시는 경우가 많습니다. 특히 세금이 계산된 과정을 설명할때는 문자보다(자칫 텍스트는 딱딱한 느낌이 전달되는 경향이 있어요) 전화가 더 적합한 소통 도구라고 생각합니다. 거래처와 대화를 통한 소통 과정이 있어야 납부서를 드리고, 관련 업무에 대해 수수료를 받을 때 거래처의 컴플레인이 훨씬 덜하거든요.

▣ 거래처가 전화 통화를 원하는 이유

반대로 거래처에서 전화가 오는 경우도 있죠. 거래처 담당자가 커뮤니케이션의 여러 도구 중 전화를 선택하는 이유는 무엇일까요? 바로 빠른 피드백을 원할 때입니다. 조금 더 신속하게 업무처리를 하고 싶을 때, 또는 그 자리에서 바로 답변을 듣고 싶은 경우가 많죠. 여러분들이 옆자리에 있는 사수에게 궁금한 걸 바로바로 물어보는 것과 비슷한 이치입니다.

모르는 것을 누가 알려줄 때 여러분들은 어떻게 설명해 주는 게 좋으신가요? 글보다는 말로 설명해 주는 게 훨씬 귀에 쏙쏙 들어온답니다. 유튜브를 통해서 궁금한 것을 찾아보는 것처럼요. 같은 이유입니다. 그래서 고객인 거래처가 전화로 응대를 원한다면 우리는 그 상황에 맞춰 업무를 할 수 있는 역량을 키워내야 합니다.

전화 통화를 통해 기를 수 있는 역량은?

1) 나의 목소리로 나의 업무 태도를 표현한다.

2) 질문을 듣고 상대방이 원하는 것을 파악하는 힘을 기를 수 있다.

3) 신속한 업무처리 역량을 기른다.

4) 소통과 공감 능력이 발달한다.

상대와의 원활한 커뮤니케이션 능력은 일터에서 근속이 쌓이면 쌓일수록 빛이 나는 역량이랍니다. 훈련을 통해, 전화를 받는 업무 경험이 늘어날수록 점점 나아지니 너무 겁먹지 말고 업무를 익혀 보겠습니다. 첫 번째로, 거래처가 전화를 통해 나에게 질문을 한 경우를 가정해 볼게요.

1. 상황별 질문에 대한 응대법

거래처의 질문은 총 4가지로 나눌 수 있습니다.

1) 내가 이미 알고 있는 내용에 대한 문의

2) 나도 해당 건에 대한 지식이 없어서 or 거래처 특성에 맞는 것을 찾아보고 말씀드려야 하는 문의

3) 나의 전문 영역이 아닌 세금 관련 문의 (ex. 지자체 관련 세금)

4) 거래처의 감정을 돌봐야 하는 문의 (ex. 세금 과다로 인한 항의, 타 사무실 비교, 수수료 관련 질문 등)

여기서 또 생각이 많아지죠.

〈답변에 대한 고민〉

1) 내가 모르는 부분의 질문을 받았을 때 부드러운 응대 방법이 있을까?

2) 세금 부분 등에서 거래처와의 마찰 혹은 설득을 해야 하는 난감한 상황의 응대 방법이 있을까?

3) 내가 알고 있는 부분을 더 쉽게 잘 설명해 드리는 방법이 있을까?

등을 들 수 있습니다.

▣ 각 부분에 대한 기본 답변에 대해 알아보겠습니다.

기본질문

○ 거래처 : 안녕하세요? ○○○ 회사 ○○○ 인데요.

　　뭐 하나 여쭤봐도 될까요? (대부분 전화를 거는 이유는 궁금한 것
　　에 대한 질문이 많다.)

▣ 세무사무원 : 네 대표님(거래처 직원인 경우 직책) 안녕하세요?

　　어떤 부분을 도와 드리면 될까요?

이렇게 첫 멘트로 시작합니다. 문의 사항에 대해서는 나의 상황 및 실력에 따라
서 답변을 하는 여러 가지가 방법이 있습니다. 하나씩 살펴보도록 하겠습니다.

▶ 내가 이미 알고 있는 내용에 대한 문의

　(알고 있는 내용을 정확하게 전달하는 것이 핵심입니다.)

문의 사항 안내

▣ 세무사무원 : 안녕하세요, 대표님~ 문의주신 ○○○건 설명해 드리도록 하
　　겠습니다.

○ 거래처 : 아 네 잘 알겠습니다. 감사합니다.

▣ 세무사무원 : 네 대표님, 궁금하신 점은 언제든 문의 주세요.

　　감사합니다.

정확한 답변은 기본, 마지막 친절한 마무리 멘트는 서비스의 질이 올라가는 효과
를 일으키므로, 언제나 첫인사와 끝인사를 같이 해주시면 좋습니다.

▶ 나도 해당 건에 대한 지식이 없어서 or 거래처 특성에 맞는 답을 찾아보고 말씀드려야 하는 문의

👎 나쁜 답변의 예

📱 **거래처** : ○○○는 어떻게 해야 하는 건가요?

📠 **세무사무원** : 대표님 ○○○건 문의하신 건요, 제가 들어온 지 얼마 안 돼서요. (신입이라서요, 경력이 짧아서요.) 잘 모르는데요. 제가 알아보고 연락드려도 될까요?

📱 **거래처** : 네, 알겠습니다. (거래처가 기다림, (본인이 기다릴 수 있는 시간만큼) 근데 연락이 없음)

📱 **거래처** : 담당자님. 제가 문의한 것 답변 받을 수 있을까요? or 왜 답변을 안 주세요? (기다리는 것에 대해서 감정이 상하기 시작)

📠 **세무사무원** : 아, 아니요. 대표님 아직 못 알아봤어요. 사무실에 세무사님도 안 계시고 다른직원분도 없어서요. 죄송합니다....

📱 **거래처** : .... (전화 끊기는 소리)

왜 이 답변은 나쁜 답변일까요?

첫 번째는, 잘모른다는 것을 노출한 점입니다. 처음에는 바로 답변할 수 있는 질문이 별로 없습니다. 나는 신입이니까요. 그런데 거래처의 입장은 달라요. 제가 들어온지 얼마 안되었기 때문에 모른다는, 내 기준으로 이야기를 해서는 안 됩니다. 담당자가 해당 질문에 대한 답변을 할 수 없다는 것을 상대가 알아버리면 상대방은 신입에게 세금 파트너로서의 신뢰감을 느끼기 어렵습니다. 누구나 배우는 시기가 있지만, 거래처는 자신이 그 대상이 되는 것을 싫어합니다. 최대한 초보인 티를 내지 않고 대화를 이끌어 가는 것이 중요 포인트입니다.

두 번째는, 알아봐 준다고는 했는데 해당 답을 언제 주겠다는 대화는 쏙 빠져있기 때문입니다. 거래처 담당자가 기다리는 시간의 기준과 나의 기준이 다를 수 있습니다.

일은 빠르면 빠를수록 좋고요. 이런 경우 거래처 담당자가 원하는 회신 기간을 점검, 그 시간 안에 일을 처리할 수 있는 환경인지 체크, 내 쪽에서 답변 가능한 시간을 점검 후 답변을 드릴 시간을 상호 합의 하에 정하는 것이 답변만큼이나 중요합니다.

👍 **좋은 답변의 예**

📰 **세무사무원** : 안녕하세요, 대표님! 문의하신 ○○○건은 업체마다 방법이 다를 수도 있어서요. (다르다고 설명하지만, 사실은 모르는 상황) 제가 대표님 케이스에 맞춰서 한 번 더 검토드리고 답변을 드리는 것이 정확할 거 같아요. ○○○건에 대해서 제가 알아보고 ○○○(시간이나 요일을 반드시 명시)까지 답변드려도 될까요?

📱 **거래처** : 아 네 그럼요, 연락해주세요.

📰 **세무사무원** : 감사합니다. 대표님, 알아보고 ○○○까지 연락드리도록 하겠습니다.

질문에 대한 답을 찾고, 사수분들의 도움을 받아 질문에 대한 올바른 답이 맞는지 1차 정리를 합니다. 그 후에 약속한 시간 안에 거래처에 답변을 전달합니다.

quick tips

▶ 시간과 요일을 명시해야 하는 이유?

내가 알아보고 전화를 하겠다고 말씀드린 상황은 상대를 기다리게 하는 행위를 한 거예요. 기다리게 할 때는 언제까지 기다리면 되는지를 알려주어야 합니다. 그 래야 상대방도 답변받을 시간을 예상하고 다른 업무를 하겠죠? 거래처를 하염없이 기다리게 해서는 안 됩니다.

신입 때는 특히나, 정확한 답변이 바로 어렵기 때문에, 이야기한 시간 안에 연락과 답변을 드리겠다는 태도가 신뢰를 높일 수 있어요. 만약에 생각한 시간 안에 답변이 정해지지 않았다면 그 상황도 거래처에 알리고 다시 답변을 드릴 시간을 알려드려야겠죠.

▶ **나의 전문 영역이 아닌 세금 관련 문의**

(ex, 지자체 관련 세금, 노무 상담)

가끔 세무사무원 일을 하다 보면 콜센터가 된 거 같은 기분이 들 때가 있습니다. '이것이 세무사무실의 업무가 맞나? 아닌 것 같은데. 근데 왜 나한테 물어보지? 물어본다는 건 내가 알고 있어야 하는 내용이란 말인가?'라는 고민을 하게 됩니다.

📱 **거래처** : ○○구청에서 뭐가 왔는데 이건 뭔가요? 어떻게 해야 하는 거죠? 아니 이번에 재산세가 왜 이렇게 많이 나왔어요?

📧 **세무사무원(속마음)** : 아 이 세금은 국세가 아닌데. 지자체 업무인데 이걸 왜 나한테 물어보지? 질문했으니까 알아봐서라도 내가 답을 드려야 하는 건가?

제가 드리고 싶은 말은 '때론 정중한 거절, 혹은 업무의 한계를 인지시키는 것도 중요하다'라는 것입니다.아래의 세 가지 업무는 자주 질문을 받긴 하지만 관련 전문가에게 의뢰하는 게 정확할 것이라고 안내드리는 질문유형입니다.

1) 국세를 제외한 지방세 관련(금액 확인 문의!)
2) 임금계산 요청문의(주휴수당, 연장수당, 연차 계산)
3) 건설업보수총액신고

다시 위의 질문을 돌아보면, 재산세란 국세가 아니고 지자체에서 정해져서 내려오는 세금인데요. 저희가 그 금액이 왜 나왔는지 알 수가 없잖아요?

이런 경우 어떻게 답변을 해야 하는지 알아보겠습니다.

📠 세무사무원 : 안녕하세요, 대표님? 질문 주신 건은 국세청 관할 세금이 아니고 지방세 관련 세금 문의이시네요. 저희는 국세에 관련된 업무를 대행할 수 있는 국세청에 수임 권한이 있습니다. 지방세는 국세와 별도의 세금이라 관할구청(시청)에서 세금을 계산한 고지서 거든요.

불편하시겠지만 지자체 담당자에게 연락을 취하셔서 알아보셔야 할 것 같으세요. 대표님 바로 처리해드리지 못해서 죄송합니다.

👎 나쁜 답변의 예

📠 세무사무원 : 안녕하세요, 대표님? 해당 건은 지자체 관련 업무입니다. 저희는 세무사무원이라 지자체 업무는 모릅니다. 전문가도 아니고요. 직접 알아보세요.

좋은 답변의 예와 나쁜 답변의 차이 뭔지 알아내셨을까요? 좋은 답변에서의 거절의 이유를 설명하는 부분에서는 확신의 ' ‒ 다'의 화법보다는 ' ~ 요'로 어투를 바꾸어서 대화를 이끌어가는 것을 보실 수 있으실 거예요. 사람들은 그 거절이 합당한 이유의 거절이라도 거절을 받으면 기분이 상하기 마련입니다.

거기에다가 말투까지 단답형이라면 어떨까요? 같은 의미를 전달하더라도 어떻게 하면 부드럽게 전달할 수 있는지는 화법에 달려있다는 점 기억하세요.

▶ 거래처의 감정을 돌봐야 하는 문의

(ex: 세금 과다로 인한 항의, 타 사무실 비교, 수수료 관련 질문 등)

세무사무원 : 안녕하세요, 대표님 이번 부가세는 계산을 해보니 ○○○ 정도 나올 것으로 예상이 됩니다. 미리 안내차 연락드렸어요.

거래처 : 아니 세금이 왜 이렇게 많이 나왔어요?

내가 이렇게 세금을 많이 내야 해요?

내 친구도 이 정도 버는데 나만큼 안 내는 거 같은데?

뭐 이렇게 많이 내요? 제대로 계산한 거 맞아요?

그리고 조정료는 뭐예요? 왜 이렇게 비싸요?

저 아는 세무사 많은데, 정 때문에 참고 있는 거예요.

거래처의 대답은 보기만 해도 내가 이런 말을 들었다면 대답하기 힘들어 보입니다. 하지만 세금과 관련해서는 모든 사장님은 예민 해진다. 라는것만 우선 이해하고 시작해볼게요. 일단 세금이 나왔다 하면 어차피 내야 할 돈인데도 불구하고 대표님들은 기분이 좋진 않습니다. 여러분들도 신용카드를 쓰고 결제일이 되었을 때, '와, 내가 썼으니까 통장에서 바로 빠져나가는 게 당연해!'라는 생각보다는 '내 월급은 통장을 스쳐가는구나'라는 생각을 하시잖아요. 그 마음을 대입해서 생각하시면 됩니다. 거래처에게 세금이란 그런 존재가 아닐까 싶어요.

거래처에서 너무 무례하게 인격적으로 세무사무원을 비하하지 않는다면 일단은 먼저 들어주세요.(끄덕끄덕 해주세요) 세금이 많아서 기분이 안 좋아지신 사장님들을 위로해 주시고(공감), 해당 세금이 나오게 된 이유를 틈을 타서 조곤조곤 설명해 주시면 좋습니다. 이런 것을 유대관계 형성이라고 합니다. 이 행동은 꼭 거래처만을 위한 행동은 아니예요. 거래처와 유대관계가 형성되면, 업무시 실수가 생겨도 원만하게 해결 방법을 찾을 수 있답니다.

기억하세요. 우리는 완전한 을의 처지가 아닌, 한 회사의 세금에 대해 대화를 나눌 수 있는 업무 파트너라는 것을 말이에요. 그럼 이번에도 두가지 답변을 다음페이지에서 보여드릴게요.

👍 좋은 답변의 예(세금과다 항의)

 📰 세무사무원 : 아이고 대표님 그러게요. 세금이 왜 이렇게 많이 나왔을까요? 대한민국에서 자영업자로 살기 참 힘들어요. 그렇지요? (공감) 자영업자를 위해서 세금 세율 좀 줄여주면 저희도 거래처에 납부서 드릴 때 이렇게 사장님들 마음 아프신 거 보지 않아도 될 텐데 참 쉽지 않네요. 그래도 지금의 법의 테두리 안에서 절세할 수 있는 비용들은 저희가 처리를 다 해서 계산해 두었답니다.

같은 조건에서 세금을 더 내야 하는 상황은 만들지 않았으니 안심하셔도 되십니다. (조목조목 설명 : 어떤 비용으로 어느 정도까지 줄였다, 혹은 공제가 안 되는 자료를 가져오셨을 때 이 부분은 비용처리가 안 된다는 부분을 설명을 곁들이는 것이 중요합니다.)

세율이 변동되거나, 대표님 마진이 줄지 않는 이상 세금이 매년 이 정도는 발생할 것 같고, 자영업자분들은 근로자분들처럼 매달 세금을 공제하는 제도가 없으니, 대표님이 통장 하나 만드셔서 세금 부분을 좀 마련해 두시는 건 어떨까요?

 👎 나쁜 답변의 예(세금과다 항의)

 📰 세무사무원 : 안녕하세요, 대표님 (자료 받고 진행 상황에 대한 중간 대화 없다가 세금 다 계산 후 확정된 납부서 전달하면서) ○○일까지 납부 기한이니 납부하세요.

대표님이 가지고 오신 비용으로는 이 금액 밖에 세금이 나올 수가 없어요. 그냥 내시면 됩니다.

우리는 세금계산을 하는 과정을 알기에 당연한 납부세액이라도, 거래처는 당연하지 않아요. 미리 예상 세금에 대한 언질과 담당자와의 유대관계가 형성되어 있었다면 감정적인 질문은 피해갈 수 있습니다. 자 상황별 4개 질문의 답변에 대한 감이 좀 잡히시나요? 다음 장에서는 거래처에 직접 전화를 건다고 가정하고 응대 방법을 알아보겠습니다.

2. 거래처에 전화 걸기

① 대표님, 통화 가능하신가요? 거래처와 통화 전 메시지 남기기

전화를 걸 때는 상대방이 전화를 받을 시간이 되는지를 먼저 물어야 합니다. 이는 거래처 사장님의 시간을 사용하고자 하는 정중한 표현입니다. 통화 전에 메시지를 남겨서 통화 가능한 시간을 미리 맞추면 좋겠죠?

메시지

세무사무원 : 안녕하세요? 대표님 ○○○ 건으로 통화를 하고 싶은데요, 시간 되실 때 알려주시면 전화드리도록 하겠습니다.

우리는 매일 세금 관련 업무만 하니 괜찮지만 거래처에게 있어 세금업무는 해야 할 많은 업무 중 일부일 뿐입니다. 특히 월요일 오전에는 회사 내에서도 회의가 많이 이루어지므로 피하시는 것이 좋습니다. 저는 될 수 있으면 오전에는 신고서 만들기 등 스스로 할 수 있는 업무를 하고, 오후 시간에 전화연결을 시도합니다.

식사 시간도 피하는 게 좋겠죠? 아무래도 거래처 사장님들도 오전보다는 오후에 긴장을 풀고 업무를 하시기 때문에, 세금관련 이야기하기도 좋습니다. 그리고 상황에 따라, 저녁부터 장사를 하시는 거래처의 경우에는 아침에 전화를 하면 안되겠죠? 업종 특성에 맞춰서도 통화 시간은 조절을 해야 합니다.

> ▶ 통화하기 좋은 시간은 언제일까요?
>
> 우선 너무 이른 시간은 피합니다. 특히 오전 시간, 즉 출근하고 금방인 9시는 좋은 타이밍이 아닌 경우가 많습니다. 아침부터 듣는 얘기가 세금 이야기이면 기분이 어떨까요? 우리가 전화로 이야기해야 하는 것들은 대부분 거래처 입장에서는 듣고 싶지 않은 이야기일 경우가 많습니다. (세금 내세요, 문제가 생겼어요 등)

하지만 용건이 급해서 절차 없이 바로 전화를 해야 하는 경우도 있죠. 그런 경우는

세무사무원 : 안녕하세요? ○○○세무회계 사무실입니다. 통화 가능하신가요?(이 멘트를 꼭 넣고, 가능한지 살펴본 후에 그 다음 이야기를 진행하셔야 합니다.)

거래처 : 네 괜찮습니다.

세무사무원 : 점심 드셨나요? (주말 이후에는) 주말 잘 보내셨나요? (본론 이야기 전에 아이스 브레이킹으로 살짝 긴장을 풀어줍니다.) 다름이 아니고 ○○○건으로 연락드렸습니다.

② 대표님 세금이 이 정도 나올 것 같아요.(예상세금 안내하기)

우리가 먼저 전화해서 이야기해야 하는 것 중에 세금 금액에 관한 업무가 있었죠. 그렇기 때문에 전화로 소통하는 법을 익혀야 한다고 했고요.

세금 관련 업무는 최소 2번의 전화 연락을 해야 합니다.

첫 번째는, 예상세금 안내
두 번째는, 납부서 전달

만약에 예상세금 안내를 전화로 잘해서, 납부금액을 OK 하셨다면 납부서 전달 시
에는 금액이 크게 달라지지 않았다면 납부서를 보내드리고 메시지 정도만 가볍게 보내
도 됩니다.

납부일이 다 될 때까지 예상세금조차 불러 주지 않고 나중에 납부서를 주는 것은 통
보에 가까운 일 처리입니다. 같은 세금이 나오더라도 상대방이 기분이 나쁠 수가 있어요.
세금안내 관련 업무는 전화 통화로 하시는 것을 추천해 드립니다. 거래처에 가벼운 인
사와 함께 세금안내를 하는 것이 좋습니다. 통화하시면서 상대방의 기분을 파악할 수도
있고요. 조금 더 원활한 커뮤니케이션을 일으키는 데 도움이 되는 과정입니다. 그리고,
세금납부서 전달은 최소 3일 전(부가세 기준, 법인 소득세는 자료가 전달된 경우 5일
이전 추천) 전달합니다. 그러려면 그 전까지 신고가 마무리가 되게 업무를 하는것도 중요
하겠죠? 자료를 정말 안 주는 업체를 제외하고는 미리미리 일하는 모습을 보여주세요!

3. 전화 응대를 잘하려면? 상사의 전화 통화에 귀 기울이기

〈상황별 질문에 대한 응대법 편〉에서 지금 고객의 질문을 받았을 때, 내가 질문의
답을 아는지 모르는지에 따른 상황을 살펴보고 거래처에 신뢰감을 줄수 있는 전화응대
방법에 대해 살펴보았습니다.

누구에게나 처음은 있으니까요. 하지만 앞으로는 전화를 넘겨받아서 질문에 답을
할 수 있는 사람으로 성장해 나가야 합니다. 내가 질문에 답을 하지 못했던 상황들을 경
험하며 점차 답을 할 수 있는 사람으로 발전하겠다는 마음으로 회사 생활을 하면 되겠
죠. 그럼 어떻게 하면 전화응대를 잘 할 수 있을까요?

해답은 간단합니다.

1) 질문을 넘겨준 사람 (상사, 사수)의 통화내용을 듣고
2) 상사가 해당 질문에 관해 답변하는 통화내용을 적고
3) 전화 통화 상황인 것처럼 연습을 해보고
4) 일터에서, 질문에 반사적으로 전화를 상사에게 돌리던 시간을 지나서
5) 내가 아는 질문에 대해서는 준비했던 답을 해가면서
조금씩 실전 경험을 쌓아가는 겁니다.

▣ 상사분들의 통화내용을 들어야 하는 이유

'서당 개 3년이면 풍월을 읊는다'라는 속담 아시죠? 전화 응대를 잘하는 법은, 이 속담이 잘 어울리는 것 같습니다.

> 어떤 일을 오래오래 보고 듣고 하면 저절로 깨우친다.
>
> 어깨너머로 배운다.

누군가가 전화 응대를 하는 모습을 보면서 듣고 배울 수 있는 거죠. 현장에서만 배울 수 있는 일의 스킬이랍니다. 가끔 상사에게 전화만 넘긴 후 다른 일을 하시는 경우도 있는데요. 전화 통화의 경우, 사수에게 1:1로 배울 수 있는 업무가 아니에요. '내 사수는 전화 통화 답을 어떻게 하라고 왜 안 알려줄까? 질문의 답은 어디서부터 찾아야 하는 거지?'라는 막막한 마음을 걷어 내고, 주변을 한번 살펴보세요. 바로 옆에서 사수가 거래처와 통화를 합니다. 거래처와의 통화를 회사 밖에서 하진 않잖아요? 통화내용을 들을 수 있다는 것 자체가 실무의 시작인 겁니다.

이것이 사수의 통화내용에 귀를 기울여야 하는 이유입니다. 그래서 신입 시절에는 근무시 다른 경력직 직원들이 전화하는 내용을 많이 들으면 좋습니다. 전화 통화를 들으며 정리하세요.

1) 거래처가 하는 질문의 의미 파악
2) 답변 내용정리
3) 스스로 시뮬레이션 해보기

이 세 가지를 꾸준히 연습해야 합니다. 전화 통화는 늘 떨리긴 하지만, 너무 무섭지는 않은 존재로 어느샌가 다가와 있을 거예요. 그러다 보면 거래처의 질문에 대답을 해줄 수 있는 '멋진 나'로 성장을 맛볼 수 있습니다.

4. 나만의 전화 응대법 만들기

자, 그럼 이제는 거래처에 답변을 하는 내용을 연습해 보도록 하겠습니다.

▣ 미리 준비하기

① 설명할 내용, 요청할 내용 등 미리 적고 읽어 본 뒤 전화하기

세법은 듣고 이해를 하고 온전히 소화해 내는데도 최소 3년이 걸리는 전문업입니다. 내 스스로가 용어에 익숙해지고, 그 낯선 언어를 체화하는 과정을 거치면 질문에 답을 하는 속도가 빨라집니다. 너무 어렵다고요? 처음부터 너무 잘하려고 하지 않아도 됩니다. 처음부터 잘하는 사람은 없습니다. 가슴이 쿵쾅거리죠? 가슴을 진정시키고 아주 간단한 대답부터 시작하면 됩니다. 머릿속에 지식이 쌓이고 업무의 이해도가 같이 높아지면서 대화는 점점 유창해질 테니까요. 그럼 시작해 볼까요?

질문을 받고 답변을 준비했다면 그 부분을 한번 대화체로 적어보는 겁니다. 그리고 실제 전화를 하듯이 연기해 보는 겁니다. 회사에서 실수가 걱정된다면, 연습하는 모습을 보이는 게 어색하다면 아무도 없는 편안한 환경에서 연습해 보세요. 저 또한 상사에게 지시사항을 들었을 때 집에 가서, 혹은 생각과 말로 연습했어요. 연습만이 살길입니다.

하지만 늘 혼자서만 연습하기보다는 회사에서도 조금씩 도전해 보세요, 혹은 가까운 상사에게도 질문할 때, 내가 아는 것을 설명하는 식으로 연습해 보아도 좋습니다. 상사는 안 듣는 거 같아도, 전화를 해보라고 권유를 한 후 나 몰라라 하지 않습니다. 내가 어떤 대화를 하는지 귀담아 듣습니다. 직원의 성장을 살펴보고 있는 거예요. 그리고 만약에 정정해야 할 대화나, 내용이 있다면 알려주거나 수습을 해줄 수 있습니다. 그런 대처 방법을 배우는 것도 실무 일터에서만 배울 수 있어요.

저도, 아무것도 몰라서 전화를 모두 넘겨줘야 할 때는 속상했고, 제가 답변을 했는데도 상사를 찾을 때는 좌절도 했었습니다. 하지만 계속 전화를 받다 보니 비슷한 질문

을 많이 하시더라고요. 어떤 거래처는 시즌마다 비슷한 요청을 하기도 하고요. 그래서 관련 내용이 머릿속에 있을 때부터는 간단하게나마 응대를 해봤어요. 그렇게 조금씩 응대 역량을 쌓아갔답니다. 내가 잘못된 말을 할까 봐 두려워서, 작게 말하거나 의기소침하지 마세요. 아이가 말을 배울때도 1년을 옹알이를 하다가 1돌이 지나야 엄마라는 단어를 합니다. 말은 해야 늘어요.상사에게 들릴 만큼의 목소리로 부끄러워하지 말고 도전해 봅시다.

▶ 전화응대 맛보기

　　1. 신입때는 기한을 지키는 태도로 거래처와 신뢰쌓기
　　2. 세금관련 응대는 꼭 전화로 하기
　　3. 사수의 통화내용을 듣고 질문답변 스크립트 만들기

4대보험

다음 업무 맛보기는 4대보험입니다. '갑자기 4대보험?'이라고 하실 수도 있을 것 같습니다. 제가 세무대리인들이 많이 활동하는 카페에서 '거래처에서 가장 많이 하는 질문은?' 이라는 설문조사를 한 적이 있었는데요. 원천세와 4대보험이 1위를 차지했습니다.

세무사무실에 입사를 할 때는 4대보험을 배우지 않고 입사를 합니다. 근데 거래처에서 제일 많이 질문을 해요. 4대보험 정보는 한꺼번에 정리해서 알려주는 곳이 없고, 각 공단마다 업무 지침을 따로 알려줘서 공부하기도 어렵습니다.

바로바로 써 먹을 수 있도록 맛보기 해볼게요.

1. 실수령액 계산과 4대보험

멀리 가지 않고, 내가 회사에 가서 월급을 받는다면 실제 통장에 입금되는 금액은 얼마인지 계산을 하면서 4대보험의 지식을 만들어 봅니다.(입사 전에 이 시뮬레이션을 해보세요. 내 첫 번째 월급을 예상해볼 뿐만 아니라, 업무에 써먹을 수 있는 실무 지식이 생깁니다.)

네이버 임금계산기

처음 개념을 잡기엔 네이버 임금 계산기가 좋습니다. 여러분들도 연봉계약을 했다면, 또는 아직 취업 전이라면 받고 싶은 월급을 넣어보고 예상 실수령액을 구해보세요.(계산을 편하게 하기 위해 저는 1,000,000만원으로 계산을 해 봤어요) 실수령액 계산항목은 다음과 같습니다.

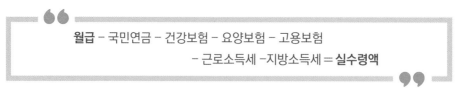

월급 – 국민연금 – 건강보험 – 요양보험 – 고용보험
– 근로소득세 –지방소득세 = **실수령액**

각 공제항목옆 ( ) 안에 들어있는 금액이 4대보험에서는 '료율'이라고 하는 건데요. 국민연금부터 살펴보면 월급이 1,200,000원이면 '1,200,000×4.5%=54,000이어야 하지 않을까?'라고 생각할 수 있는데요. 4대보험은 월급에서 비과세를 뺀 과세 금액에서 료율을 곱하는 겁니다.

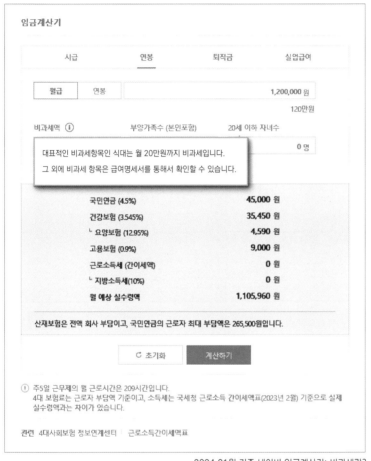

2024.01월 기준 네이버 임금계산기: 비과세란?

국민연금을 예를 들면 급여 중에 과세 금액(월급 – 비과세액)×4.5%=45,000원이 공제가 되는 겁니다. 위의 실수령액 계산기를 보면 월급 1,200,000에서 하단의 비과세 200,000원을 입력하면 1,000,000원에 4.5%를 곱해 국민연금이 계산이 된 것을 확인할 수 있습니다. 그래서 4대보험의 개념을 잡으려면 급여에서 비과세항목이 뭔지를 구별해 내는것부터 익히셔야 해요.

▶ 직원의 급여에서 과세와 비과세 분류하기

비과세란?

매월 받는 급여의 항목에 있지만 세금을 매기지 않는 수당항목을 말합니다.

▶ 대표적인 비과세 수당 항목은 무엇이 있을까요? [2024]

1. 식대 200,000원
2. 차량유지비 200,000원
3. 6세 이하 자녀 보육수당 200,000원

▶ 직원 급여에서 공제되는 4대보험 요율 익히기

그리고 실수령액에는 '4대보험과 근로소득세(지방소득세)도 간이세액표에 따라 공제된다!'까지 함께 알아주시면 됩니다.

2. 4대보험은 얼마를 내나요?(4대보험료율)

　　실수령액에 나와 있는 국민연금(4.5%)금액은 근로자의 월급에서 공제하는 료율입니다. 실제로 거래처에서 납부하게 되는 고지서는 다른 금액이 나옵니다. 회사에서 납부해야 하는 전체 4대보험 총액을 알아보는 건 [4대보험연계센터 자료]가 보기 편합니다. 실수령액 계산기에서 구했던 과세 급여 금액을 4대보험료 모의 계산 서식에 넣어보세요.

4대보험정보연계센터
보험료계산기 https://www.4insure.or.kr/pbiz/main/main.do

4대보험 모의계산기는 월급여가 애초에 과세급여를 입력을 하게 되어 있습니다. 그래서 과세 비과세 개념을 꼭 숙지해야 해요. 앞의 임금계산기의 보험료 금액과 4대보험료 모의계산의 근로자부담금 금액이 같죠? 대표자는 얼마를 내는지 사업주 부담금 탭을 살펴봅시다. 고용보험만 근로자보다 조금 더 내고 나머지는 같아요. 즉 4대보험은 근로자가 부담하는 금액 만큼, 회사에서도 부담을 합니다. 그리고 대략 근로자와 사업자가 반반씩 납부한다고 이야기 합니다.

4대사회보험료 계산의 각각 보험료별 탭에는 료율도 상세하게 기재되어 있습니다. 거래처에서는 직원한명채용하면 4대보험이 얼마 나오는지? 4대보험 전체 료율만 물어보는 경우도 있으므로 하단의 표도 참고하여 4대보험의 기본 개념을 잡아봅니다.

4대보험료율(2024.ver)
※ 색 칸의 요율은 변경시마다 고쳐주셔야 합니다!

4대보험	료율	사업자	근로자	비고
국민연금	9%	4.5%	4.5%	사업자 근로자 반반 부담(1/2)
국민건강	7.09%	3.545%	3.545%	사업자 근로자 반반 부담(1/2)
국민건강장기 요양보험	12.95%	0.459%	0.459%	국민건강보험료 X 12.81%
고용보험	실업급여율 1.8% 고용안전.직업능력개발별 0.25% ~0.85%	1.15%	0.9%	0.25%
산재보험	업종별 다름 (ex : 기타의사업)	0.70%	X	
합계		10.4%	9.4%	19.8%

https://vvd.bz/dva4

해당 표에 합계를 보면 사업자과 근로자의 보험료 합계%가 나오는데요. 4대보험료는 1명의 월급에 총 20% 정도 납부액이 생깁니다. 그리고 직원월급에서 10%, 사업자가 10% 정도를 부담합니다.

이렇게 익혀두시면 업무에 빠르게 적응하실꺼예요.

3. 세무사무실에서 하는 4대보험 업무

그럼 세무사무실에서는 4대보험관련 어떤 업무를 할까요? 직원이 생기면 보험 공단에 직원이 입사했다고 자진 신고를 해야 합니다. 그래야 4대보험이 고지가 되거든요. 거래처에 사무업무를 봐줄 직원이 없는 경우 사장님들이 4대보험 업무 대행을 요청합니다.

원천세 신고를 하려면, 4대보험 가입자분들의 급여정보를 받아야 하는데요. 세무사무실에서 쓰는 회계프로그램은 원천세 신고때 받아야 할 자료들만 있다면 4대보험 신고서를 쉽게 작성할 수 있게 되어 있어요. 그래서 4대보험 신고 대행 업무가 왔을 때 프로그램으로 신청서를 작성하는 업무를 해요.

거래처 요청업무	4대보험 제출 서류
처음으로 직원이 생겼을 때	사업장 성립신고 4대보험 자격취득신고 + 피부양자신고
직원이 신규로 입사했을 때	4대보험 자격취득신고 + 피부양자신고
직원이 퇴사 했을 때	4대보험 자격상실신고
사업장에 직원이 1명도 없을 때	4대보험 탈퇴신고

각 회계프로그램 유튜브채널에 자세하게 나와 있으니, 미리 공부하면 좋겠죠?

세무사랑 PRo 활용레시피_4대보험

https://www.youtube.com/@semusarang

위하고 4대보험

https://www.youtube.com/@help.douzone

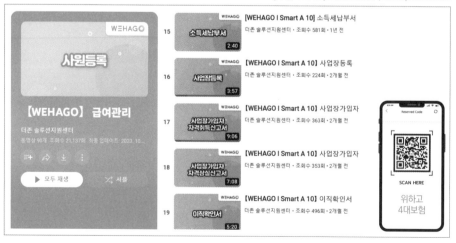

4. 4대보험 고객 응대

앞서, 세무사무실 거래처 질문 1위가 4대보험이라고 했죠? 어떤 질문들을 많이 하는지 미리 살펴보고 응대 방법도 익혀 봅시다.

① 직원이 입사했어요. 어떤 서류가 필요한가요?

 세무사무원 : 안녕하세요? 대표님 직원 입사 시 필요한 서류 안내해 드립니다.
1. 입사자 성함 및 주민등록번호 (주민등록등본 첨부 요청드립니다.)
2. 입사 날짜 (취득신고 시 날짜가 필요합니다.)
3. 월 급여 (항목별 해당 여부 참고해서 알려주세요)
   - 기본급에 각 항목 포함 여부
   - 비과세 식대 (식대 포함 월급인 경우 200,000원)
   - 비과세 차량 유지비 : 근로자 본인의 차량 여부 확인
     or 부부 공동명의는 200,000원 비과세 적용 가능)

거래처에 직원이 입사시 취득신고대행을 해줘야 할 때 물어보는 질문입니다. 사실 이 답변은 문서로 보내는 것이 효과적이긴 합니다. 하지만 정말 많이 물어보는 질문 중에 하나라서 말로도 외울 수 있을 정도로 연습하는 게 좋아요.

② 피부양자가 있는 경우는 어떤 서류가 필요한가요?

피부양자가 누군지 먼저 알아야겠죠? 피부양자란 직장에 다니는 가장의 수입에 의존하여 생계를 유지하는 가족 구성원으로 일정한 소득이 없는 직장인의 부모나 배우자, 자녀를 말합니다.

즉 누구나 아프면 병원에 가야하는데, 소득이 없는 경우는 건강보험을 내는 사람의 피부양자로 등재가 되어야 병원에 가서 진료시 보험료 혜택을 받을 수 있습니다.

📠 세무사무원 : 안녕하세요? 입사자 중에 피부양자가 있는 경우 주민등록등본 기재자 표시해서 주시면 저희가 신고할 수 있고요. 주민등록 등본상 기재되지 않는 직계존속(따로사시는 부모님)의 경우 직계존속 기준(이 부분이 중요) 가족관계증명서(상세본) 발급 후 표기해서 보내주시면 되십니다.

📱 거래처 : 아 피부양자 등록 서류는 까다롭네요. 그냥 올릴 수 있는 방법은 없나요?

📠 세무사무원 : 네, 대표님 직계존속 기준으로 서류를 챙기시는 일이 저희가 보기에도 까다로워 보입니다. 하지만 공단에서 그냥 주민등록 번호만 기재해서 보내는 경우 서류를 반송시키고 있어서요. 번거롭겠지만 서류 부탁드리겠습니다. 직계존속 기준이지만 꼭 피부양자가 가지 않고 서류를 떼실 수 있어요. 해당 방법 안내해 드리겠습니다.<가족관계증명서발급편 참고>

📱 거래처 : (출력된 경우) 아 네, 도와주셔서 감사합니다.

📠 세무사무원 : 별말씀을요 대표님. 앞으로도 도움이 필요하실 땐 연락해주세요. 해당 서류 첨부하여 취득신고 진행하도록 하겠습니다. 감사합니다.

해당 답변도 문서로 설명해 드리는 것도 좋지만, 대표님들의 성향에 따라서 수화기를 놓지 않고 서류 신청 방법을 알려달라고 하시는 경우도 있어서 필요하신 경우 다음페이지를 보시고 안내해 주세요.

> **가족관계증명서발급방법 :**
> 대한민국 법원 전자가족관계 등록시스템 (https://scourt.go.kr)
>
> > 1번 가족관계등록부 열람/발급 신청에서 발급대상자를 피부양자(등재할
> > 가족)으로 선택합니다.
> > 2번 증명서 종류는 가족관계증명서
> > 3번 항목은 상세증명서로 선택
> > 4번 주민등록 번호는 전부 공개로 해서 신청해 주세요.

↘ 가족관계등록부 열람/발급 신청

1. 발급 대상자를 선택해 주세요.

◯ 본인   ◉ 가족   ☐ 직접입력 ⌄

    ◯ 부   ⚠ 해당 가족은 가족관계등록부가 없습니다. [자세히]

    ◉ 모

    ◯ 배우자

    ◯ 자녀

    ◯ 자녀

⑦ 본인 외 부, 모, 배우자, 자녀의 증명서를 발급받을 수 있습니다.(형제자매의 증명서는 발급받을 수 없습니다.)

2. 증명서 종류를 선택해 주세요. [자세히 ↗]

◉ 가족관계증명서 ◯ 기본증명서   ◯ 혼인관계증명서   ◯ 입양관계증명서   ◯ 친양자입양관계증명서

3. 일반증명서, 상세증명서, 특정증명서 중 선택해 주세요. [예시 ↗]

◯ 일반증명서   ◉ 상세증명서   ◯ 특정증명서

⑦ 본인과 부모, 배우자, 모든 자녀 정보에 관한 사항이 나옵니다.

4. 주민등록번호(뒷부분 6자리) 공개 여부를 선택해 주세요.

◯ 전부 비공개   ◉ 전부 공개   ◯ 신청대상자 본인만 공개

5. 신청사유를 선택해 주세요.

◉ 개인 신분 또는 가족관계증명 ◯ 국내 기관 제출   ◯ 연말정산   ◯ 해외 제출   ◯ 본인 확인 등 기타

대한민국 법원 전자가족관계등록시스템 화면

③ 직원이 한 명 입사할 예정인데요. 월급이 ○○○원인 경우 4대보험 제외하면 급여가 얼마 정도 되나요?

배웠었던 내용이죠?

step1. 월급에서 과세와 비과세 구별 정확히 하기

step2. 네이버 월급계산기 사용하여 실수령액 계산해보기

step3. 4대보험 총금액 계산하기

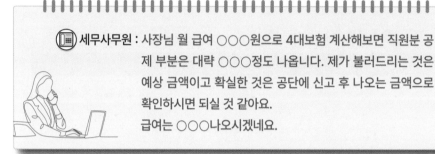

세무사무원 : 사장님 월 급여 ○○○원으로 4대보험 계산해보면 직원분 공제 부분은 대략 ○○○정도 나옵니다. 제가 불러드리는 것은 예상 금액이고 확실한 것은 공단에 신고 후 나오는 금액으로 확인하시면 되실 것 같아요.
급여는 ○○○나오시겠네요.

④ 이번 달에 4대보험 고지 금액이 지난달과 다른데요. 왜 그런지 알아봐 주실 수 있으실까요?

입사 및 퇴사에 대한 기본적인 업무는 세무대리인이 대행이 가능한데요. 4대보험 고지서는 세무대리인에게 제공을 해주지 않습니다. 다니시는 회사가 4대보험 사무대행기관으로 등록되어 있다면 거래처의 EDI(4대보험 고지서 확인사이트)를 볼 수 있습니다. 각 케이스별 응대법을 알아볼게요.

case.1 : EDI 보험사무대행기관 수임이 되어 있는 세무대리인의 경우

거래처의 4대보험 고지서 조회가 가능합니다. 보험료 변동이 생길 시 변동 이유가 사유 쪽에 기재 됩니다. 살펴보시고 설명해 주시면 됩니다.

성명	증번호 주민등록번호	보수월액	구분	산출보험료	사유	적용기간	정산금액

건강보험공단 EDI 포털 – 사업장 고지내역서 건강보험
https://edi.nhis.or.kr/homeapp/wep/m/retrieveMain.xx

 case.2 : EDI 보험사무대행기관으로 수임이 되어 있지 않은 경우

> **세무사무원 :** 대표님, 저희가 4대보험 입퇴사는 서비스로 해드리고 있는데요. 고지서의 경우는 개인정보여서 저희가 공단에 전화를 해도 알려주지 않아요. 대표님이 공단에 전화해서 문의해 보셔야 할 것 같습니다.

quick tips

▶ 4대 보험 EDI 보험사무(업무) 대행기관 업무 처리 사이트 안내

4대 보험 고지서는 여러분이 다니시는 회사가 4대보험 사무대행 기관으로 등록이 되어야 세무대리인이 볼 수 있습니다. 모든 세무대리인이 다 가능한 것은 아니고요. 자격을 갖춰서(교육이수 등) 대행기관 신청이 되어 있어야 합니다. 4대보험 대행기관이 아닌 경우 회사에서 4대 보험 대행 업무는 하지 않을 경우가 높습니다. 4대 보험 대행 업무를 하시는 사무실에 입사하시는 경우 이와 관련하여 다른 사이트를 이용하게 되는데요. 이 사이트들을 안내해 드리도록 하겠습니다.

● **국민연금 EDI 서비스_** https://edi.nps.or.kr
국민연금 사무대행 기관인 경우(세무사무실에서 수임 거래처의 4대보험 내역을 볼 수 있어요.) 이 사이트에서 취득 ,상실 등의 자료 처리를 하거나 매달 국민연금 내역 조회 후 출력하는 업무를 할 수 있습니다.

● **건강보험 EDI 서비스_** https://edi.nhis.or.kr
국민건강 사무대행 기관인 경우(세무사무실에서 수임 거래처의 4대보험 내역을 볼 수 있어요.) 이 사이트에서 (취득, 상실, 퇴사자 건강보험료 정산 요청, 보수신고 변경) 매달 건강보험 내역 조회 후 출력하는 업무를 할 수 있습니다.

● **근로복지공단 고용토탈 서비스_** https://total.comwel.or.kr
4대보험 중 고용보험 및 산재보험과 관련된 사이트입니다. 건강과 연금 사이트와 마찬가지로 2대 보험 내역에 대한 업무를 할 수 있습니다.

POINT

▶ **4대 보험 맛보기**

1. 과세, 비과세 급여항목 알아보기
2. 4대보험료율 익히기
3. 4대보험 작성 신고법 알아보기

 원천세신고

이번 편부터는 자격증에서 배운 세금신고법을 같이 알아보겠습니다. 실무에서는 어떤 신고부터 하게 될까요? 입사일이 월 초반일이라면 원천세 신고를 하실 거예요.

1. 신고기간

매월 10일까지는 원천세 신고 기간입니다. 원천세는 거래처에서 지급한 인건비에 붙은 세금을 말합니다. 회사에서는 신고 기간이 매월 있다 보니, 신고기간만 말해줍니다. 매월 10일 지난달에 지급한 인건비를 신고한다. 이렇게 생각하면 됩니다.

최근에는 원천세 관련 업무가 하나 더 늘었는데요. 바로 간이지급명세서라고 하는 제도가 생겼어요. 매월 10일까지 원천세 신고를 마감하고요. 매달 말일까지 일용직과 기타소득, 사업소득 관련 (간이)지급명세서를 제출해야 합니다. 근로소득 간이지급명세서는 반기에 한 번씩 제출하고 있습니다. (1월, 7월)

2. 내가 해야 할 일

■ 원천세 신고를 위해 해야 할 일은 총 3가지입니다.

인건비대장작성

원천징수이행상황신고서 작성

간이지급명세서 작성

① 인건비 대장 작성

인건비는 근로소득(상용직, 일용직), 사업소득, 기타소득, 퇴직소득, 이자소득, 배당소득 총 6개로 분류됩니다. 그 중 거래처에서 가장 많이 발생하는 소득은 상용직소득, 일용직소득, 사업소득 이렇게 3가지입니다.

각 인건비가 발생한 것을 회계프로그램에 입력하여 인건비 대장을 만들면 되는데요. 상용직 근로자가 있을 때, 작성해야 하는 급여대장 관련 업무 범위가 회사마다 다릅니다.

[급여대장 업무 범위]

- ▣ 급여대장을 작성해주고, 급여대장＋원천세 신고＋세금 납부서를 전달해 주는 사무실
- ▣ 급여대장을 거래처에서 전달받아 원천세 신고＋세금 납부서를 전달해 주는 사무실
- ▣ 4대보험 고지서를 회사에서 받아서 입력하는 사무실
- ▣ 4대보험 사무대행기관인 세무대리인이 거래처의 4대보험 고지서를 EDI에서 조회한 후 급여대장을 만들어 급여일 전에 보내주는 사무실
- ▣ 4대보험을 공단자료와 별개로 요율대로 공제 후 급여대장을 만드는 사무실
- ▣ 4대보험 중 일부는 공단자료로, 일부는 내부 프로세스로 진행하는 사무실

너무나 다양하죠. 혹시 기억하시나요? 거래처 파악이 무엇인지에 대해 배웠잖아요. 실무에서는 전임자가 한 신고내역을 보고 신고내역을 파악하는 업무도 업체 파악(거래처 파악)이라고 합니다. 이미 전임자가 거래처의 세금신고한 내용을 보고 거래처에 신고방법을 물어보지 않고, 기존에 전임자가 했던 스타일을 참고하여 이번 달 원천세 신고도 해야 합니다.

원천세 신고를 해보라는 업무를 받았다면, 내가 신고를 하려고 하는 전월에 전임자가 어떻게 신고했는지를 먼저 살핍니다. 그리고 거래처에 자료를 요청하고, 전달받은 후 프로그램에 입력합니다. 전기 자료는 내가 만들어 내야 할 신고서의 이전 정답지라고 보면 됩니다. 전에 했던 신고서를 보고, 그 사람이 파악한 내용을 내가 만들 신고서에 실무로 적용하는 것. 이걸 발견해내는 힘을 기르는 것이 실무입니다. 상사에게 질문하면 "전기 것 봐"라는 말을 많이 들을 거예요.

〈거래처 파악〉에서 배운 사업의 큰 틀을 이해하고, 전임자가 세금신고 기준으로 정리해놓은 자료들을 보면서 여러분의 실무에도 적용해 보시길 바랍니다. 우선은 원천징수이행상황신고서를 먼저 보세요.

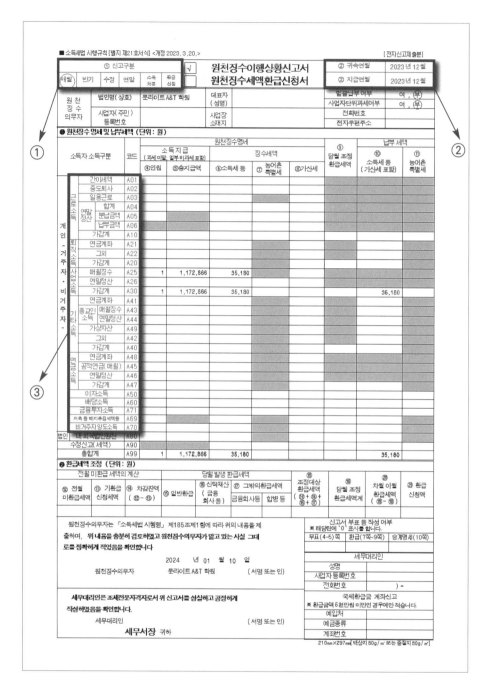

[원천징수이행상황신고서로 업체파악하기]

① 매월신고인가? 반기 신고인가?　　② 귀속과 지급이 같은가?

③ 어떤 인건비가 있었고, 자료는 언제, 어떻게 받았는지?

특히 3번을 파악해서 거래처에 전임자와 동일하게 자료 요청해야 합니다. 전기 것을 미리 보고 똑같이 만들려고 목표를 잡으세요. 똑같이 만드는데 이해가 안 되는 부분을 한 3번 정도 해보고, 아무리 봐도 이해가 안되는 부분은 이해가 안되는 상황과 질문을 더합니다. 그러면 상사도 원하는 답을 말씀해 주실 거예요. 인건비 자료 수거 후 인건비는 각각 소득별로 인건비 대장을 작성하고 마감을 합니다. 이렇게 인건비 대장을 마무리합니다.

② 원천징수이행상황신고서 작성

원천징수이행상황신고서는 인건비 대장만 잘 마감하고 조회만 하면 되는 서식입니다. 해당 업체가 월별신고인지, 반기신고인지, 귀속과 지급이 같은지 전임자의 신고 기준을 파악하면서 체크해 두었죠? 신고기간을 잘 불러오면 됩니다. 불러온 후에는 이번 달에 신고해야 할 인건비가 잘 끌어왔는지? 납부할 세액이 있는지를 확인하면 됩니다.

③ 간이지급명세서작성

10일에 원천징수이행상황신고서 신고를 잘 마무리했다면 말일이 되기 전에 간이 지급명세서도 작성합니다. 이 서식에는 누구누구에게 인건비를 지급했는지 개인의 인적사항(주민번호)이 들어가야 해요. 인건비 대장을 작성할 때는 주민번호가 에러가 나도 상관없는데 간이지급명세서에는 정확한 주민등록번호가 들어가야 합니다. 혹시라도 거래처에서 주민등록번호를 제대로 주지 않았다면 한 번 더 체크해서 신고서를 조회하고 마감하면 됩니다.

④ 홈택스 전자신고

회계프로그램으로 서식을 모두 작성 했다면 홈택스(국세청)에 신고를 해야 합니다. 신고하는 서류의 이름은 뭘까요? 바로 원천징수 이행상황신고서입니다. 지방소득세 납부할 것이 있으면 위택스로도 납부서를 전자신고합니다. 원천세 신고를 하면서 홈택스 사이트에 전자신고하는 방법을 익히게 됩니다. 전자신고를 하게되면서 할 수 있는 업무들이 늘어납니다.

- ▣ 홈택스 사이트에 전자신고하는 방법
- ▣ 납부서 출력하는 방법

◼ 지방소득세 위택스 사이트에 신고하는 방법

◼ 지방세 납부서 출력하는 방법

◼ 거래처에 납부서 보내는 방법

◼ 거래처에 납부서 보내고 납부 안내하는 방법

홈택스에 신고를 완료하고 납부서를 (거래처에) 전달하고 납부기한을 이야기해주면 원천세 업무는 완료됩니다. 매우 많은 것을 배울 수 있죠? 한 번의 신고 흐름을 바탕으로 부가세, 소득세, 법인세신고도 할 수 있게 됩니다. 전자신고 하는 방법은 동일하거든요. 전자신고 - 납부서 전송하는 세무대리인의 업무 프로세스를 익힙니다.

[실무 맛보기 영상]

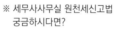

※ 세무사사무실 원천세신고법 궁금하시다면?

※ 홈택스 전자신고 맛보기

▶ 지방소득세 신고 사이트 https://www.wetax.go.kr

지방소득세는 전자신고를 하면 납부서에 전자납부 번호와 가상계좌가 나옵니다. 거래처 사장님들이 은행에 가지 않으셔도 편리하게 납부를 하실 수 있습니다. 그래서 원천세의 10%인 지방소득세의 경우 따로 전자신고를 해서 납부서를 출력 후 거래처에 전달합니다.

3. 인건비 고객 응대

원천세 관련해서는 어떤 인건비로 신고를 해야 하는지를 물어보는 경우가 많아요.

 **거래처** : 직원을 채용을 할 건데요. 사업소득이랑 4대 보험 가입 중에 어떤 게 좋은가요?

 **세무사무원** : 대표님 출퇴근 시간이 정해져 있고 사무실로 출근을 할 의무가 있는 직원들은 근로자여서 4대보험 가입 대상이십니다. 사업소득자는 프리랜서, 혹은 주변에서 볼 수 있는 쉬운 예로는 보험 설계사처럼 보험 건당 수당을 받는 분들이라고 보면 될 거 같아요. 출퇴근이 자유롭고 실적에 따라서 수당제이신 분들은 사업소득으로 신고하시면 되십니다.

말로 응대가 어려운 경우 다음페이지의 국세청에서 제공하는 <소득자료 선택 체크리스트>를 보내드리고 설명을 하셔도 됩니다.

---

quick tips

▶ 직원이 4대보험을 들고 싶어 하지 않는 경우의 응대 방법은?

근무 형태가 직원이신데 사업소득으로 신고를 여쭤보는 경우도 많습니다. 제 경험으로 보면 처음 계약시 합의 과정에서는 문제가 없을 수도 있습니다. 하지만 퇴사 등의 이유로 직원분과 사이가 틀어지실 때 4대보험 미가입이나 퇴직금 지급 등에서 문제가 생기는 경우가 많더라고요.

특히 직원이 노동부를 통해 법적 대응을 할 경우 노동부 쪽으로 넘어가면 대부분 근로자의 편에서 진행된다는 점을 대표님께 인지시켜드리는 것이 중요합니다. 결론은 나중에 문제되면 4대보험을 전부 내셔야됩니다.

[소득자료 선택 체크리스트로 예상답변 연습하기]

제출안내·법령	화면도움말	유의사항

▌(일용·간이·용역) 소득자료 선택 체크리스트

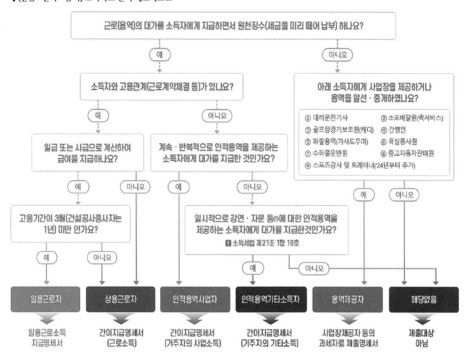

소득자료 선택 체크리스트(국세청)

 Search... 지급명세서.자료제출.공익법인 > (일용.간이.용역)소득자료제출 >
(일용.간이.용역)직접작성제출 > 읽어보기

　　맨 처음 단계부터 예, 아니오로 답해 보면서 인건비 유형 파악법을 익히세요. 설명해줄 수 있는 만큼 능숙하게 응대할 수 있어야 합니다.

 POINT

> ▶ **원천세 신고 맛보기**
>
> 　　1. 신고기간, 신고서류 익히기
> 　　2. 급여대장작성법 알아보기
> 　　3. 인건비별 특성파악하기 (소득자료 선택 체크리스트 활용)

실무증빙

이번에는 실무증빙을 알아보려고 해요. 도제교육을 통해 학생들을 만나보니, 자격증 문제로만 실무를 접하다, 실물 영수증들을 보았을 때 어떻게 입력을 해아하는지? 혼란이 많이 있더라구요. 그래서 입사전에 미리 실물 영수증들을 보여드리고 어떤걸 입력하게 되는지 알려드리려고 합니다. 업무는 물론, 나의 직업을 이해하는데도 도움이 되실거예요.

1. 수기 세금계산서

매출세금계산서

매입세금계산서

사업자분들끼리 거래가 일어나면 세금계산서로 거래 증빙을 하는데요. 시중 문구점에서 세금계산서를 사보면 위에는 파란색 밑에는 빨간색이 한 세트로 되어서 세금계산서를 작성하게 되어있답니다. 한번에 공급자보관용, 공급받는자 보관용을 작성 후 잘 보관한 후에, 세금신고기간에 세무사무실에 가져다 주는 방식으로 업무를 해요. 지금은 수기 계산서가 많진 않지만 자세히 설명드리는 이유는 이 방법이 사업을 이해하는 기본 거래의 원리이기 때문입니다.

세무대리인들은 세금계산서를 끊는 사람은 아니고, 받아서 입력하는 사람이라
① 공급자와 공급 받는자가 정확하게 작성되었는지?
② 사업자 등록번호가 잘 기재 되어있는지?
③ 거래가 일어난 년도, 월, 일, 공급가액, 세액이 잘 맞는지 (이번 과세 년도인지, 공급가액의 10%가 부가세로 잘 적혀있는지)를 파악하고 거래처와 소통합니다.

프로그램에 입력할때는 하단의 품명의 경우 세금신고할 때 똑같이 적지 않아도 세금신고가 가능해요. 즉 세금 신고하는데 중요하지 않습니다. 그래서 품명은 맨 위에 적힌 한 품명정도만 입력하면 되고 세금계산서의 모든 품명을 적기 위해 시간을 쓰지는 않도록 합니다.

2. 전자세금계산서

사실 전자세금계산서는 세무대리인이 발행업무를 하지 않기 때문에 요즘 일터에서 보기가 힘들어요.

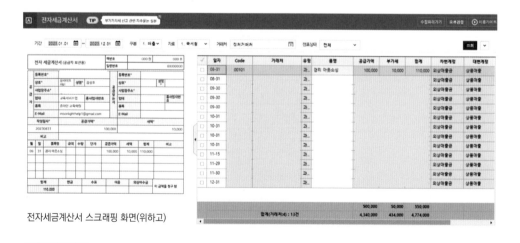

전자세금계산서 스크래핑 화면(위하고)

여러분들이 입사를 하면 스크래핑된 전자세금계산서 자료들만 보실 수 있으실텐데요. 제가 전자세금계산서 원본을 보여드릴께요.

전자세금계산서 작성하는 화면(홈택스)

발급 후 완료된 전자세금계산서 모습(홈택스)

전자세금계산서는 수기세금계산서로 작성할 때, 똑같은 세금계산서를 두장씩 발행하는 것에서 빨간 공급자용 증빙과, 파란 공급받는자용 증빙을 한눈에 볼 수 있는 디자인으로 바꿨습니다. 전자세금계산서 제도로 인해서 세무사사무실에서 품명이나 공급가액, 세액을 직접 입력할 필요는 없어졌지만 '이런 거래처의 세금계산서 발행을 통해 세무사무실에 세금계산서가 전달이 되는구나' 생각하면 업무를 이해하는데 도움이 될 거예요.

3. 신용카드

다음은 신용카드입니다. 신용카드는 이렇게 일반영수증을 가져오시는 거래처, 카드 이용대금 명세서를 가져오시는 거래처, 홈택스 사업용 신용카드 등록으로 자동 스크래핑 하는 경우가 있는데요. 우선 실제 신용카드를 한번 보면서 거래내용을 살펴 볼께요.

① 매장명, 매출일 합계금액은 말 그대로, 이 업체에서 얼마만큼 비용을 썼다는 영수증이라고 보시면 됩니다. ② 부가세 과세물품가액, 부가세는 공제가 가능한 거래라면 부가세 공제도 받을수 있는 영수증이구요. 딱 여기까지만 써있으면 좋은데 신용카드 영수증은 더 많은 정보를 우리에게 줍니다. 바로 하단에 신용승인정보라는 것인데요. 이 하단의 내용을 입력을 해야하는거 아닌지? 물어보는 학생분들이 있으시 더라구요. ③ 카드/매입사, 카드번호, 승인금액, 승인가맹점 승인일시만 주요하게 보시면 됩니다.

하나씩 살펴보자면 우선 신용카드영수증에는 어떤 회사의 신용카드로 결제를 했는지 정보를 줍니다. 그리고 사업자가 쓴 신용카드의 카드번호를 보여줘요. 단 개인정보 보호를 받아야 하므로 카드번호의 중간 8자리 정도는 ****로 표시가 되어 있답니다. 승인금액은 카드로 결제한 금액입니다.

승인·가맹점은 지금 상품을 사고 있는곳의 고유번호로 보시면 되세요. 이곳에 숫자가 써있는 경우가 있다보니, 입력을 해야하는건가? 고민을 하는 경우가 있으시더라구요.(결론만 말씀드리면 신경쓰지 않아도 된다!)

단말기 번호도 마찬가지입니다. 각 매장마다 카드를 결제할 수 있는 단말기가 있으면 관련 번호도 있어요. 이것 또한 거래한 상점의 정보이므로 증빙을 입력을 하려고 할때는 상관 없는 자료입니다. 단, 이런 영수증을 주시면서 카드 부가세 공제를 받아달라고 요청하시는 경우가 있는데요. 그런 경우는 거래처 대표님의 카드번호 전체를 받아서 회계프로그램에 카드번호로 등록하고, 신용카드 매입[카과]로 입력 하셔야 부가세 때 공제가 가능하답니다.

프로그램에서는 거래처가 받은 신용카드 전표를 이렇게 보여준답니다(위하고)

4. 현금영수증

현금영수증은 두가지 종류를 보여드릴께요. 오프라인 매장에 가서 현금영수증을 요청을 하셨을때 받을 수 있는 영수증과, 인터넷에서 물건을 사셨을 때 나오는 현금영수증 영수증 입니다. 어떤 거래던지 중요한 것은 바로 거래용도에 써있는 [지출증빙] 이라는 문구입니다.

사업자분들은 지출증빙으로 현금영수증을 발급 받으셔야 부가세 신고때 공제는 물론, 경비로도 인정을 받을 수 있습니다.

지출증빙으로 영수증을 제대로 발급 받은거라면, 현금영수증 발급수단번호칸에 사업자 번호가 들어가야 해요. 그럼 상식 한 스푼 더 해보면, 직장인들이 현금을 쓰고 현금영수증을 발행한다면 어떤 다른점이 있을까요? 아마 물건을 사는곳에서 현금영수증 하실 번호 주세요~ 라고 하실텐데요. 그때 핸드폰 번호를 불러주시면 되시구요.

현금영수증을 받으면 지출증빙라는 문구가 아니라 소득공제라고 적혀있는 영수증을 받으실 수 있답니다.(거래처 사장님들도 많이 물어보는 질문 중 하나니 기억하자구요!)

프로그램에서는 거래처가 받은 현금영수증 전표를 이렇게 보여준답니다(위하고)

5. 통장

법인사업자의 경우 법인사업자분들의 통장을 받게 됩니다. 대부분 통장은 엑셀로 받는데요. 그럼 통장이 엑셀로 받으면 어떤식으로 오는건지?도 미리 보여드릴께요.

거래내역조회

계좌번호	000-00000-00000			예금종류	수신		조회기간	
잔액			10,000,000	인출가능금액		10,000,000	2024-01-01 ~ 2024-01-31	

거래일시	구분	적요	출금액	입금액	잔액	거래점
2024-01-31 12:29	대체	김성호	0	300,000		
2024-01-31 12:01	타행이체	김성호(문라이트AA	0	1,185,608		
2024-01-31 12:01	타행이체	김성호(문라이트AA	0	100,000		
2024-01-31 12:01	타행이체	김성호(문라이트AA	0	300,000		
2024-01-31 11:50	타행이체	김성호(문라이트AA	0	725,693		
2024-01-31 11:50	타행이체	스마트스토어정산	0	100,000		
2024-01-31 09:48	타행이체	김성호(문라이트AA	0	545,495		
2024-01-31 09:30	타행이체	김성호(문라이트AA	0	45,862		
2024-01-31 09:23	타행이체	김성호(문라이트AA	0	103,021		
2024-01-29 14:31	한은입금	스마트스토어정산	0	15,300		
2024-01-25 14:16	타행이체	㈜0000	0	167,385		
2024-01-25 09:15	타행송금	김성호(문라이트 A	4,813	0		
2024-01-25 09:10	타행송금	김성호(문라이트 A	64,453	0		
2024-01-21 21:51	타행송금	00시	15,000	0		
2024-01-19 20:01	타행송금	김성호	450,000	0		
2024-01-19 12:53	타행송금	김성호(문라이트A&	10,000	0		
2024-01-16 09:32	대체	㈜0000	0	200,000		
2024-01-15 11:46	타사카드	00카드	1,557,862	0		
2024-01-05 04:14	대출이자	이자비용	44,095	0		
2024-01-05 04:10	대출상환	대출원금상환	209,312	0		
2024-01-02 16:59	타행이체	주식회사00	0	146,098		
2024-01-02 00:35	타행이체	김성호	0	3,510		
2024-01-02 00:34	타행이체	김성호	0	35,180		
2024-01-02 00:33	공과금	지방세	3,510	0		
2024-01-02 00:32	공과금	사업소득세	35,180	0		
2024-01-02 00:21	타행이체	김성호	0	450,000		
2024-01-02 00:20	타행이체	김성호	0	342,600		
2024-01-01 23:55	대체	김성호	0	39,500		
2024-01-01 23:45	타행송금	김성호(문라이트 A	112,310	0		
2024-01-01 23:45	당행송금	㈜0000	1,268,400	0		
2024-01-01 23:33	타행이체	김성호(문라이트AA	0	1,600,000		
2024-01-01 13:09	타행이체	김성호	0	900		
2024-01-01 13:08	타행이체	김성호	0	209,000		
		합 계				

기업 통장 내역

엑셀로 받은 통장 거래내역을 달라고 하면 이런 서식을 받으실 수 있답니다. 자료를 받고 점검해봐야 하는 것은

① 계좌번호는 거래처의 사업자 통장이 맞는지?

② 조회기간(거래날짜를 잘 주셨는지)?

③ 적요부분이 잘 적혀 있는지?

를 확인한 후 통장의 거래내역을 회계프로그램에 입력을 한답니다.

6. 기타 영수증

다음은 일반전표로 입력할 영수증들입니다. 간이영수증이란, 거래내역이 3만원이 넘어가지 않는 경우 물건을 거래했을 때 받아도 되는 영수증입니다. 즉 세금계산서를 발행하지 않아도 경비로 인정을 받을 수 있어요.(매출처의 경우도 기타매출로 신고하면 됩니다.) 이런 경우는 일반전표로 입력하는데요. 상대거래처는 거래처코드를 만들지 말고 거래처 이름만 쓰고 영수증 입력하시면 되십니다.

청첩장의 경우는 종이청첩장, 카톡 청첩장 등 다양하게 주시는데요. 관련 경조사비 금액대로 전표에 입력하면 됩니다. 코드번호는 접대비/적요에는 경조사비용으로 걸어서 입력을 하시면 되세요. 제가 보여드린 증빙 말고, 거래명세표. 각종 가사경비들은 입력하면 안됩니다. 이부분은 천천히 회사에 가서 더 많은 실물 영수증들 보시면서 익혀나가시길 바래요.

청첩장

No.	영 수 증	(공급받는자용) 귀하	
공급자	사업자등록번호	000 - 00 - 00000	
	상 호	문라이트A&T	성명 김성호
	사업장소재지		
	업 태	도소매	종목 문구
작성일자	금 액 합 계		비 고
2024.03.01	25,000		

간이영수증

✏️ 부가세 신고

부가세 신고는 매출을 확정하는 중요한 신고입니다. 자격증 공부하실 땐, 프로그램 입력하는 방법을 위주로 공부 하셨을 거예요. 하지만 실무에서는 스크래핑이라는 기능을 사용하여 전자세금계산서의 입력 업무는 하지 않고, 전표 전송 업무를 합니다. 전자세금계산서가 보편화되어 있어서 그래요. 하지만 자격증 시험을 보는 케이랩 프로그램에는 스크래핑의 기능이 있는 데이터 연동 탭이 포함되지 않더라고요.

스크래핑을 하려면 수임 거래처의 인적사항이 들어간 인증서가 필요합니다. 그렇기에 아무래도 자격증 시험에서 구현을 하는 것은 어렵겠죠? 자격증 시험을 보고 들어오신 여러분들은 모르는 게 아니라 배운 적이 없는 것이기 때문에 당황하지 않으셨으면 좋겠어요. 세무사무실에 입사해서만 사용할 수 있는 기능이니, 이제부터 배우면 됩니다. 이제부터 진짜 실무를 배우는 겁니다.

각 회계 프로그램마다 홈택스의 자료를 스크래핑하는 기능의 이름이 있습니다. 세무사랑은 '원클릭 택스', 위하고는 '스크래핑 보드'라고 하고요. 신규 거래처가 있을 땐, 스크래핑 세팅, 기존 거래처를 신고할 때는 스크래핑이 된 자료를 전표 전송하는 법을 익히면 됩니다.

케이랩 회계관리

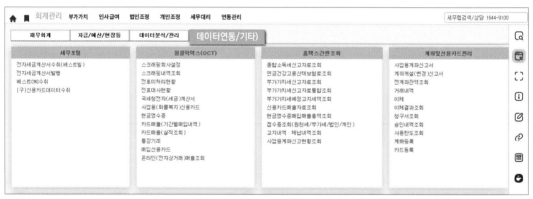

세무사랑 회계관리에 보이는 데이터 연동/기타 관리 탭

각 프로그램 회사의 유튜브채널에 스크래핑 하는 방법이 잘 설명이 되어 있으니 보시면서 따라해 보세요.

※ [세무사랑]
　스크래핑불러오는 방법

※ [위하고]
　스크래핑불러오는 방법

▶ 영상 활용

세무사랑은 '스크래핑 불러오기 방법' 영상 1개에 전표전송 해야 하는 모든 방법이 나와 있습니다. 위하고는 '회계관리 재생항목' 에 [전자세금계산서 신용카드, 현금영수증] 등 각 항목별 동영상에 스크래핑 기능이 들어가 있으니 각각 들어가서 보셔야 되세요.

1. 신고기간

부가가치세는 크게 과세기간을 1년에 반(6개월)씩, 1기와 2기로 나눕니다. 그리고 그 안에서 3개월로 다시 예정신고, 확정신고로 나누죠. 예정신고기간에는 소규모법인사업자와 개인사업자는 국세청에서 예정고지 납부서를 받고요.(지난 과세기간에 낸

Search... 국세청 > 국세신고안내 > 개인신고안내 > 부가가치세 > 기본정보 > 신고납부기한 🔍

세금의 1/2, 50만 원 이하인 경우에는 예정고지 없음) 그래서 예정신고 기간에는 신고하고 납부서를 드리는 거래처, 국세청에서 고지하는 납부서를 챙겨주는 거래처로 나눠서 2개의 업무를 한다고 생각하면 됩니다. 확정신고는 모든 거래처의 부가세 신고업무와 납부서를 드려야 합니다.

부가세 신고를 하기에 앞서서 내가 이번에 부가세 신고 때 신고할 거래처는 어떤 곳인지를 파악하는 것을 먼저 합니다. 세법개정으로 바뀌는 부분이 있을 수도 있으므로, 신고전에는 항상 국세청에 신고납부기한을 보고 확인합니다. 그다음 이번 신고기간에 신고할 거래처 리스트를 만들어요. 그리고 신고를 해야하는 거래처에 신고대상임을 안내드리고, 부가세 안내문을 보내서 자료 요청을 합니다.

2. 내가 해야 할 일

거래처에서 부가세 신고자료를 받았다면, 부가세 신고를 위해 해야 할 일은 총 3가지입니다.

부가세 홈택스 자료출력

스크래핑 전표전송, 수기자료입력

부속명세서, 부가세신고서 작성

① 부가세 신고자료 출력(홈택스)

부가세 신고의 첫 번째 일은 내가 스크래핑을 할 자료들을 홈택스에서 모두 출력하는 것입니다. 거래처가 주는 자료는 홈택스에서 확인할 수 있는 자료, 홈택스에서 볼 수 없는 자료(수기), 이렇게 2가지로 나눠집니다. 특히 홈택스에서 볼 수 있는 자료는 거래처에서 따로 챙겨주지 않기 때문에 홈택스에 들어가서 부가세 신고에 필요한 자료를 확인하고 출력을 해야 합니다.

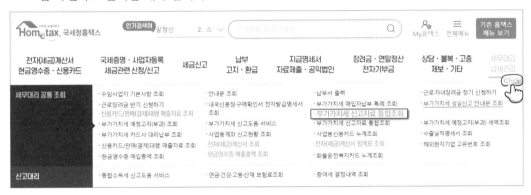

[부가가치세 신고자료 통합조회] 라는 탭이 홈택스에서 제공되는 거래처의 모든 자료를 취합해서 보여주는 곳입니다. 이곳에 나타나는 숫자를(매출·매입 증빙자료)를 꼭 확인하고 숫자가 있는 자료는 회계프로그램으로 모두 스크래핑 해와야 합니다.

① 세무사무실 홈택스 인증서로 스크래핑 가능
② 세무사무실 홈택스 인증서로 스크래핑 가능
③ 조회후 회계프로그램에 입력
④ 거래처 홈택스 아이디 비번 입력시 스크래핑 가능

어떤 자료들을 스크래핑 해야하는지 체크하기

[판매(결제)대행] 이라는 매출항목만 조회 금액을 홈택스에서 출력 후 회계프로그램에 입력합니다. 신용카드는 여신금융협회 가입후 스크래핑이 가능합니다. 가입이 안된경우 신용카드도 동일 방법으로 진행 합니다.

세금계산서 · 계산서 매출은 세무사무실의 홈택스 인증서를 통해 스크래핑이 가능하고, 사업용신용카드와 현금영수증의 경우 거래처의 홈택스 ID, 비밀번호가 있어야 스크래핑이 됩니다.

스크래핑이 가능하도록 수집정보 등록체크(위하고)

수집정보가 등록이 완료되면 스크래핑을 시작하면 되는데요, 부가가치세 신고자료 통합조회에 있는 항목을 모두 체크 후 수집합니다.

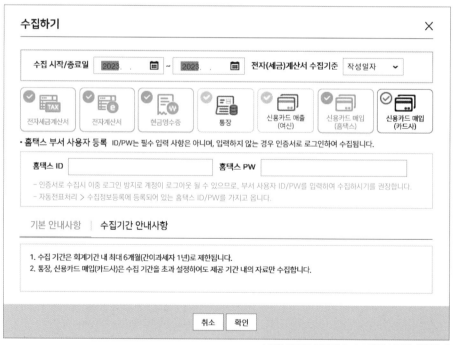

수집할 자료를 클릭한 후 스크래핑 시작하기(위하고)

② 스크래핑 전표 전송 수기자료 입력

신고기간에 맞춰 회계프로그램의 스크래핑 기능을 사용하여 부가세 신고자료를 스크래핑합니다. 스크래핑은 자동이지만, 스크래핑된 자료를 전표처리 하지 않으면 부가세 신고를 할 수 없어요. 어떤 일이 자동으로 되고 어떤 일을 수동으로 해야 하는지 알아보겠습니다.

홈택스 제공 자료	스크래핑 (자동)	전표전송 (자동)	해야 할 일 (회계프로그램)
전자세금계산서 계산서 조회	○	X	홈택스: 세금계산서 합계표 출력 ▶ 스크래핑된 자료와 계산서합계표 금액 일치 확인 ▶ 세금계산서 품명 검토 후 불공제분 변경
신용카드/판매(결제) 대행매출자료 조회	X	X	홈택스: 신용카드/판매(결제)대행 매출자료 조회 출력 ▶ 직접회계프그램에 (카과/현영/건별) 입력 ▶ 홈택스가 제공한 자료와 금액 일치 확인
현금영수증매출 조회	○	X	홈택스 : 현금영수증매출총액 조회 출력 ▶ 스크래핑된 자료 합계 일치 확인
사업용 신용카드 현금영수증	○	X	스크래핑 된 자료 유형 분류하기 ▶ 매입 부가세 공제 받을 카드사용내역 (카과,현과) 일반경비 (일반전표)

위 표에서 회계프로그램에서 해야 할 일을 모두 마치고, 전표전송을 수동으로 해주면 됩니다. 우리가 해야 하는 일은 입력보다는 분류 검토 작업이 많다는 것, 조금 감이 잡히실까요? 신입 때는 전자세금계산서만 있는 업체들부터 하나씩 신고서를 만들게 될 것입니다. 스크래핑된 자료의 합계는 어떤 자료를 보고 확인해야 하는지? 또한 내가 구한 합계가 회계프로그램에 제대로 불러오는지를 확인하는 작업부터 하나씩 마스터해 나갑니다. 스크래핑된 자료를 마감하는 법을 마스터한 후에는 자격증 시험에서 배웠던 수기 세금계산서 입력도 같이 합니다.

③ 부속명세서 마감, 부가세 신고서 작성

입력이 다 마무리되면 합계의 확인은 부속명세서라는 서식을 마감해야 해요. 각 부속명세서의 명을 익히고 부속명세서를 각각 마감합니다. 원천세 신고 때, 인건비 대장을 작성하고 나면 원천징수이행상황신고서는 금액만 불러왔었죠? 부가세신고도 마찬가지예요. 부속명세서를 마감하면 부가세 신고서는 조회 후 금액검토를 거쳐 작성이 완료됩니다. 부가세도 홈택스에 신고하고 납부서를 드려야 하는데요. 매월 원천세 업무를 하면서 익혔던 전자신고방법을 적용하여 신고할 수 있습니다.

[실무 맛보기 영상]

※ 첫 부가세 신고!
　한큐에 끝내는 작성팁

※ 부가세 카드 매입
　어디까지 공제 해줘야 돼요?

3. 부가세 고객 응대

　　부가세 신고 기간에는 거래처랑 어떤 대화를 많이 할까요? 상황별로 거래처와의 대화에서 나올 수 있을 질문과 예상 답변을 같이 알아볼게요. 부가세 신고 기간에는 세무사무실 쪽에서 미리 연락을 드리는 경우가 많습니다.

[자료 수거 연락]

> 세무사무원 :
>
> 안녕하세요? 이번에 1기 ○○ 부가세 신고 기간이라 연락드렸습니다.
> 지난번에, 부가세 안내문 보내드렸는데요. 자료 마무리되셨을까요?

① 부가세 신고는 몇 번 하는 건가요?

　　부가세 신고 기간이라고 연락을 할 때마다, 1번 이상은 들은 질문 내용입니다. 신고 기간은 제가 앞서 설명했었습니다. 내가 알고 있는 지식을 대표님들에게도 설명할 줄 알아야 합니다. 제 답변을 보고 해당 질문을 받았을 때 답변을 연습해 보세요.

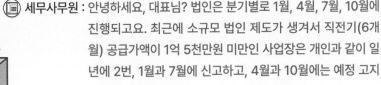

거래처 : 1년에 부가세 신고를 몇 번 하나요?

세무사무원 : 안녕하세요, 대표님? 법인은 분기별로 1월, 4월, 7월, 10월에 진행되고요. 최근에 소규모 법인 제도가 생겨서 직전기(6개월) 공급가액이 1억 5천만원 미만인 사업장은 개인과 같이 일년에 2번, 1월과 7월에 신고하고, 4월과 10월에는 예정 고지 납부 대상이 되십니다.

*거래처가 개인인지 법인인지, 소규모 법인인지에 따라 맞춰 답변합니다.

② 세금계산서 관련 질문

부가세 신고 기간에는 거래처들의 매출 매입이 확정되고, 자료를 취합하는 일만 세무사무실에서 한다고 생각할 수 있습니다. 하지만 거래처로부터 세금계산서 발행 관련 문의가 정말 많이 들어옵니다. 물어보는 내용은 주로 수정이나, 기한 후 발급 사유가 생겼을 때, 발행해도 되는지? 또는 하게 되면 어떤 문제가 생기는지를 많이 물어보십니다. 신입이 당장 대답하기에 어려운 질문이기 때문에 예상 답변 먼저 살펴보고 앞으로 이런 질문이 나올 때 어떻게 대비해야 하는지를 알아볼게요.

거래처 : 저희 거래처에서 돈을 못 받았는데요. 수정세금계산서 (−) 끊어도 되나요?

세무사무원 : 안녕하세요, 대표님 세금계산서는 돈을 받고 안 받고의 유무가 아니고 물건의 판매가 이루어졌을 때 발행을 하는 거여서요. 돈을 못 받은 부분은 수정세금계산서를 발급하시는 건 아니고요. 못 받은 돈은 일정 회수 기간이 지나면, 소득세나 법인세 신고 때 대손으로 처리할 수 있는데, 문의하신 내용 정리하여 안내해 드릴까요?

거래처는 가끔 돈을 받아야 세금계산서를 끊는다고 오해하시는 경우가 있는데 원칙대로 잘 설명해 주셔야 합니다.

거래처 : 세금계산서를 잘못 발행했는데, 수정세금계산서 발행하는 방법 모르겠어요.

세무사무원 : 어떤 일로 수정세금계산서를 발급하려고 하시나요?

거래처 : 실수로 세금계산서를 2장 발행했어요.

세무사무원 : 아 대표님, 그런 경우는 착오에 의한 이중발급으로 수정세금계산서를 발행하시면 되시는데요. 수정발급 사유선택 탭에서요. 착오에 의한 이중발급 [발급하기]를 누르시면 원래 발행했던 세금계산서의 반대 금액이 자동으로 취소가 됩니다. 세금계산서 수정발급방법 제가 파일로도 보내드릴게요. 보시면서 발급 한 번 해보세요.

대부분의 거래처에서 수정세금계산서 관련 이야기 할 때, 홈택스 화면을 보고 이야기하시는데, 저희는 그 화면을 볼 수 없어서 답답할 때가 있어요. 저는 아래 화면을 보이는 곳에 붙여 놓고 수정신고시 응대를 했었습니다.

이 페이지를 복사해서 활용하셔도 됩니다. 수정세금계산서 관련 응대를 하려면 회사가 어떤 이유로 수정을 하는지를 듣고 수정신고 6가지 방법 중 어떤 건으로 수정을 해야 하는지를 파악해서 알려드려야 합니다.

[전자세금계산서 가산세]

전자세금계산서 제도가 생긴 후 입력하는 일은 줄어들었는데요. 발급기한이 지나서 세금계산서를 발행하는 경우 가산세가 나와요. 이런 경우에는 발급 전에도 가산세가 얼마나 나오는지? 발행을 해도 되는지를 물어보시는 경우가 많아서 관련 내용도 숙지하고 있어야 해요. 부가세 신고 때도, 뒤늦게 세금계산서를 발행해서 부가세 신고서를 수정해야 하는 경우도 있으니 부가세 신고기간에도 잘 체크를 해야겠죠? 가산세를 당장 외우기 보다는 관련 질문이 나오면 어디서 관련 법을 알아봐야 하는지 알려드릴게요.

◻ 가산세

✔ 전자세금계산서

－ 전자세금계산서를 발급·전송하지 않는 경우 공급가액에 아래 가산세율을 곱한 가산세 부과

구 분		내 용	발급자	수취자
발급	미발급	발급시기가 지난 후 공급시기가 속하는 과세기간에 대한 확정신고기한 내에 발급하지 않은 경우	2%	매입세액 불공제*
	지연 발급	발급시기가 지난 후 공급시기가 속하는 과세기간에 대한 확정신고기한 내에 발급한 경우	1%	0.5%
	종이 발급	발급시기에 전자세금계산서 외의 세금계산서 발급	1%	
전송	지연 전송	발급일의 다음 날이 지난 후 공급시기가 속하는 과세기간에 대한 확정신고기한까지 전송	0.3%	해당없음
	미전송	발급일의 다음 날이 지난 후 공급시기가 속하는 과세기간에 대한 확정신고기한까지 미전송	0.5%	

* 예외 : 확정신고기한이 지난 후 6개월 이내 발급분 매입세액은 다음 사항에 따라 공제(수취자는 가산세 0.5% 부담)
→ 수정신고 및 경정청구서를 세금계산서와 함께 제출하는 경우
→ 거래사실이 확인되어 관할 세무서장 등이 결정 또는 경정하는 경우
* 가산세 부과한도 : 그 의무위반의 종류별로 각각 5천만원(중소기업기본법 제2조제1항에 따른 중소기업이 아닌 기업은 1억원) 한도, 고의적 위반은 한도 없음
* 발급위반에 대한 가산세가 적용되는 경우 전송위반에 대한 가산세 중복 부과 배제

 Search... 국세청 > 국세정책/제도 > 전자(세금)계산서/현금영수증/신용카드 > 전자(세금)계산서 > 혜택과 가산세 🔍

수정세금계산서 발급유형에 따라 부가세 수정신고도 대상 비대상으로 구별이 되
니 이 부분도 알아두어야 합니다.

국세청 수정세금계산서

Search... 국세청 > 국세정책/제도 > 전자(세금)계산서/현금영수증/신용카드 >
전자(세금)계산서 > 수정세금계산서 발급방법

이 웹페이지 하단에도 수정세금계산서 발급방법 내려받기가 있어요. 이 자료를 다
운로드하셔서 필요할 때 사용하셔도 됩니다.

모르는 사이에 세법이 업데이트 될 수 있으니, 항상 국세청에서 관련 자료를 찾아요. 가산세는 어렵습니다. 이 자료들을 자주 자꾸 보고 이해하려는 연습을 해야 합니다. 정말 자주 물어보는 질문입니다. 이해해보고, 답을 찾아보고, 사수에게 여쭤보면서 해당 질문에 대한 답변 능력을 키워보세요.

거래처 : 세금계산서 중에 "○○○" 업체 끊겨있는지 봐주실래요?

세무사무원 : (침묵의 시간이 오래 생기지 않도록) 대표님 로딩에 시간이 좀 걸리는데 확인하고 바로 연락드리겠습니다.

나쁜 답변의 예

세무사무원 : 잠시만요 사장님~ (긴 로딩)

거래처 : 침묵중..... 전화를 연결한 상태에서 컴퓨터 창을 열거나 할 때 로딩이 오래 걸리는 순간 상대방을 계속 기다리게 한다.

이런 거래처 거래내용을 확인하는 전화 또한 자주 오는 전화 중 하나입니다. 물어보니까 바로 답을 해줘야 할 것 같아서 전화통화를 하면서 알아봐 드리는 경우가 있는데요. 컴퓨터가 로딩시간이 오래걸린다면 전화를 끊고 확인한 후에 다시 전화를 하는게 좋아요. 상대방을 하염없이 기다리게 하는 건 예의가 아니라는 점 명심해주세요.

③ 부가세 공제 여부 문의

＊＊＊ 부가세 공제 되나요? 거래처 사장님은 부가세신고, 납부금액을 조금이라도 줄이고 싶은 마음을 가지고 계시기때문에 거래처에서 쓴 비용중에 어떤 것이 부가세 공제가 되는지 많이들 물어보십니다.

📱 **거래처** : 밥 먹은 거 공제되나요? or 왜 안 되나요?

📋 **세무사무원** : 네 대표님 직원분이 있으시고 급여 지급시 식대가 포함되지 않은 경우에는 직원 식대 공제가 가능하고요, 직원이 없는 경우에는 식대는 공제가 안 됩니다.

📱 **거래처** : 신용카드로 물건 사는 거 공제되나요? 다시 세금계산서로 받아야 할까요?

📋 **세무사무원** : 아닙니다. 대표님 신용카드로 사시는 것도 세금계산서의 효력이 있으세요. 카드 공제받으실 것은 추려서 영수증 주시면 저희가 공제해 드릴 수 있습니다.

📱 **거래처** : 차량 기름 넣은 거 공제되나요?

📋 **세무사무원** : 대표님 차량이 승용차이시면 안 되고요. (차량을 사셨을 때, 부가세 환급을 받았는지 안 받았는지 체크해 보고 거래처와 대화를 이어나가도 좋습니다.) 화물차나, 경차 등의 경유를 사용하는 경우 공제를 받으실 수 있습니다.

*차량 영수증은 매번 모으시기 힘드시니까, 홈택스에 등록한 카드로만, 공제되는 차량에 기름을 넣으시면 더 편하게 공제받으실 수 있으세요.

④ 부가세 납부금액 안내

부가세 납부서를 보낼 때마다 듣는 거래처의 이야기, 어떻게 응대하면 좋을까요?

> 📱 **거래처** : 부가세가 너무 많네요. 돈도 많이 못 벌었는데 왜 이렇게 세금이 많이 나오나요 ?
>
> 📋 **세무사무원** : 안녕하세요, 대표님 부가세가 많이 나와서 걱정이 많으시겠어요. 근데 국세청에서는 부가세를 우리가 벌어서 낸 세금으로 보지 않습니다. 왜냐하면, 부가세는 매출을 일으킬 때 상대방에게 받은 금액을 가지고 있다가 부가세 신고 기간에 신고 후 대납을 하는 방식이거든요. 부가세를 아무리 많이 낸다고 한들 국세청에서는 대표님이 세금을 많이 냈다고 생각하지 않는답니다. 그래도 한꺼번에 목돈이 나가니 부담스러우시죠?
>
> 그래서 대표님 저희는 부가세 부분을 따로 통장을 만들어서 관리하는 것을 추천해 드려요. 그렇게 사업운영자금과 세금을 분리해서 두시면 부가세 신고 기간에 조금 덜 부담스러우실 거예요.

부가세는 간접세이지만 실제로 사업하시면서 부가세를 사업운영비로 사용하시는 분들이 많으십니다. 그로 인한 세금 실랑이도 정말 많은 부분 중 하나예요. 부가세가 무엇인지를 정확히 인지시켜 드리는 것이 응대 방법입니다. 저는 세금 안내를 해드릴 경우 미리 따로 준비해 놓으시라, 대표님 돈 아니다는 말씀을 꼭 드린답니다.

세금이 많이 나올 땐 미리미리 준비할 수 있게 알려주세요.

신고서 작성 시 세금이 직전 분기보다 많이 나왔을 경우 (세무대리인이 보았을 때 그 금액이 정확한 계산 금액이라고 하더라도) 반드시 질문을 받기 전에 미리 전화로 세금이 전 분기보다 왜 많이 나오게 되는지에 대한 안내를 해주는 것이 중요합니다. 납세자도 사람입니다. 생각해 보면 우리도 세금을 많이 내는 것이 아무리 당연한 일이라도 막상 당면하게 되면 기분이 좋지 않잖아요. 미리 안내로 거래처와의 유대관계를 맺는 것이 포인트입니다.

신입때 왜 부가세가 많이 나왔는지 바로 파악하기는 어렵습니다. 사수나 결재권자에게 물어보고 부가세 신고서 보는법을 익혀야 해요. 주요 이유는 이번 분기의 매입을 지난분기에 받았다든지 이번엔 매입이 없었다든지, 진짜 사업이 잘되서 마진이 높아졌을 수도 있습니다. 사수와 함께 신고서를 보고 파악할 수 있는 부분을 말씀해 주시고, 추가로 더 공제할 부분이 있는지 여쭤봅니다. 그러고 나서 신고서를 마무리합니다.

세무대리인은 신고서만 작성하는 사람이 아니고, 세금을 납부해야 할 사람에게 어떤 이유로 이런 세금이 나왔음을 알려줘야 하는 의무도 있답니다. 이점 잊지 마세요.

 POINT

▶ **부가세신고 맛보기**

1. 홈택스에서 출력할 자료 보는법 익히기 '부가가치세 신고자료 통합조회'
2. 회계프로그램 스크래핑방법 알아보기
3. 부가세 관련 응대 방법 익히기 (①, ③, ④번 필수 암기)

✍ 결산, 세금상담

이번에는 결산 관련 업무입니다. 매달 10일쯤 원천 관련 신고가 마감되고, 부가세 신고기간이 아니라면 나머지 시간에는 장부를 만드는 일을 한답니다. 장부 만드는 일은 회사마다 '기장한다, 장부 만든다, 결산한다' 등의 다양한 용어를 씁니다. 신고마감이 없는 시즌에는 대부분 법인세와 소득세 신고를 위한 결산서 만드는 데 필요한 업무들을 한다고 생각하면 됩니다. 이 장에서도 자격증과 실무의 다른 점부터 살펴볼게요.

[자격증의 분개]

이 문제에 보면 3가지의 거래가 동시에 일어납니다.

(주)제일 (코드번호 : 1101) 의 당기 회계기간은 제5기이다.

다음 거래 자료를 [매입매출전표입력] 메뉴에 입력하시오.

11월 9일 (주)달마에 제품 8,000,000원(부가가치세 별도)을 공급하고 전자세금계산서를 발급하였으며, 대금 중 4,000,000원은 (주)상림이 발행한 3개월 만기약속어음을 배서받고, 잔액은 당사의 보통예금 계좌로 지급받았다.

전산세무 [제 58회 기출문제]

하루에 세금계산서가 발급되고, 어음도 받고, 통장으로도 지급 받는 거래입니다. 매출이 발생하면서, 매입매출 하단 분개를 수정하는 거잖아요?

□	일	번호	유형	품목	수량	단가	공급가액	부가세	코드	공급처명	사업/주민번호	전자	분개
■	9	50001	과세	매출			8,000,000	800,000	00101	(주)달마			혼합

구분	계정과목		적요		거래처		차변(출금)	대변(입금)
대변	0255	부가세예수금	매출		00101	(주)달마		800,000
대변	0401	상품매출	매출		00101	(주)달마		8,000,000
차변	0103	보통예금	통장입금		00101	(주)달마	4,000,000	
차변	0110	받을어음	어음입금		00102	(주)상림	4,800,000	
						합 계	8,800,000	8,800,000

실무에서는 하단 분개를 잘 수정하지 않습니다. 하루에 세금계산서도 발급되고, 돈도 받는 거래가 잘 일어나지도 않고요. 실제로 일어난다고 하더라도 부가세 신고기간에 돈을 어떻게 받았는지까지는 체크할 시간도 없습니다. 세무사무실의 실무에서 일의 순서를 알아볼게요.

세무사무소 오리엔테이션 **비밀파일**

1. 업무 순서

결산 업무의 순서는 다음과 같습니다.

매입매출분개

통장분개

거래처원장맞추기

① 매입매출 분개 [부가세 신고기간]

부가세 신고를 하는 과정에서 거래처의 매출과 매입이 확정됩니다. 계정과목 점검을 하고 전표전송을 해서 손익계산서로 가지고 가야 하는데요. 돈을 받았는지 안 받았는지는 지금은 생각하지 않고 거래처 코드와 동일하게 상대계정을 매출은 외상매출금 or 미수금, 매입은 외상매입금 or 미지급금으로 분개를 합니다.

[매출분개]

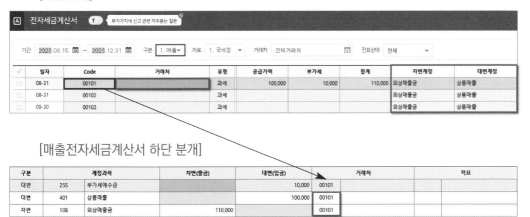

[매출전자세금계산서 하단 분개]

구분		계정과목	차변(출금)	대변(입금)		거래처	적요
대변	255	부가세예수금		10,000	00101		
대변	401	상품매출		100,000	00101		
차변	108	외상매출금	110,000		00101		

[매입분개]

② 통장분개 [부가세 신고기간이 끝난 후]

부가세 신고를 끝낸 후에는 거래처에서 받은 통장 거래내역을 입력해야 하는데 통장 거래내역을 엑셀로 업로드합니다(통장은 법인거래처만 입력의무가 있어요). 이때 통장의 거래내역을 보고 매입매출 세금계산서의 기존의 분개를 수정하는 것이 아니고, 통장 거래만 따로 분개를 합니다.

즉 상대 계정을 외상매출금 미수금, 외상매입금, 미지급금 중 하나로 통장거래 분개를 한다고 생각하면 됩니다.

[통장분개]

상대계정 : 외상매출금, 외상매입금, 미지급금, 미수금 등 분개하는 화면(위하고)

[질문 있어요!]

Q. 통장입력 업로드는 어떻게 하나요?

- 통장을 회계프로그램에다가 업로드하는 방법은 프로그램 기능이라 유튜브를 통해서도 미리 학습이 가능합니다.

더존
솔루션지원센터

※ [WEHAGO] 통장 업로드

※ [세무사랑] 통장거래자동입력

- 실무에서 더 중점적으로 배우고 익힐 내용은 다음과 같습니다.

■ 통장 자료 업로드 후 자료가 제대로 업로드되었는지 확인하는 방법
■ 통장 입력 시 미확인 내용 처리하는 방법
■ 통장 전표처리 하는 방법

하다 보면 반드시 궁금증이 나오는 내용이고, 회사마다 업무 스타일이 다를 수 있으니 반드시 사수분에게 물어보시고 업무 방법을 익히세요.

SCAN HERE
뉴젠 TV
통장자동입력

③ 거래처 원장 맞추기 [결산업무]

그 후에 세무대리인은 한 거래처에서 1년 동안 돈이 왔다갔다 한 내역을 정리합니다. 세무사무실에서 최종적으로 하는 일은 12월 말로 계정별 잔액을 맞추는 일이거든요. 사수분들이 '통장 맞춰봐' 라고 이야기하는 업무가 지금 제가 설명한 업무입니다.

[거래처원장정리]

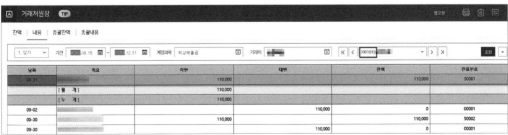

거래처 원장에서 최종잔액을 확인하는 화면(위하고)

통장을 업로드한 그 과정이 거래처원장이라는 곳에서 한눈에 보입니다. 결산 작업은 거래처 원장에서 확인하고 음수 금액이 뜨는 경우 왜 이런 내역이 발생하는지? 거래처에 문의하면서 결산을 마무리 합니다. 최종적으로 12월에는 양수로 남아있는 금액도 맞는지를 확인해요. 음수가 뜨면 결산을 잘못하고 있다는 이야기 입니다.

2. 그 외 기장 업무 방법

① 계정과목 분류

신입 때는 다양한 영수증을 보면서 (요즘은 홈택스 카드 스크래핑에 나오는 상호 겠지요?) 계정과목을 확정하는 업무를 합니다. 예전에는 일반전표부터 입력을 했었습니다. 지금은 거래처에서 쓰신 카드가 홈택스에 등록된 경우가 많아서 신용카드 전표 처리 하는 방법부터 배울 수도 있습니다. 어떤 업무방식을 먼저 접하던, 각 거래처마다 어떤 계정과목을 주로 쓰는지 파악합니다. 또한, 자주 쓰는 계정과목의 코드 번호를 익힙니다. 계정과목을 한글로 입력하면 시간이 오래 걸립니다. 내 업무 숙련을 위해 코드 번호를 꼭 외우세요. 계정과목은 회계프로그램마다 거의 비슷합니다.

위하고 계정과목		세무사랑 계정과목	
0811	복리후생비	0811	복리후생비
0812	여비교통비	0812	여비교통비
0813	접대비	0813	접대비
0814	통신비	0814	통신비
0815	수도광열비	0815	수도광열비
0816	사용자설정계정과목	0816	전력비
0817	세금과공과	0817	세금과공과금
0818	감가상각비	0818	감가상각비
0819	임차료	0819	지급임차료
0820	수선비	0820	수선비
0821	보험료	0821	보험료
0822	차량유지비	0822	차량유지비
0823	경상연구개발비	0823	경상연구개발비
0824	운반비	0824	운반비
0825	교육훈련비	0825	교육훈련비
0826	도서인쇄비	0826	도서인쇄비
0827	회의비	0827	회의비
0828	포장비	0828	포장비
0829	사용자설정계정과목	0829	사무용품비
0830	소모품비	0830	소모품비
0831	수수료비용	0831	지급수수료
0832	보관료	0832	보관료
0833	광고선전비	0833	광고선전비
0834	판매촉진비	0834	판매촉진비

② 사업용 신용카드 일반전표 전송

사업용신용카드는 실제 카드 영수증을 입력하지 않고 홈택스에서 스크래핑하고 전표전송을 합니다. 부가세 신고 때 매입부가세 공제를 받은 신용카드 사용건은 [카과]로 전표전송이 되어 있을 거예요. 부가세 공제를 받지 않았지만 경비로 처리할 신용카드 사용건은 [일반전표]로 전송을 합니다.

신입 시절에 주의할 점은 홈택스가 자동 추천해 주는 계정과목을 그대로 전표전송하는 것입니다. 아무래도 '신입인 나보다는 프로그램이 더 정확하겠지' 라는 생각을 하는 경우가 많은데요. 그렇지 않습니다. 그냥 계정예시를 보여주는 것 정도로만 생각하셔야 되세요. 자동 추천 계정과목으로 생각없이 전송을 시키면 안 됩니다.

회계프로그램에서 전표처리가 가능하다고 뜨더라도 거래처 관리자인 우리가 업체별로 입력 가능한 전표인지 파악해야 합니다. 어떤 자료를 전표 처리하면 안 되는지? (가사 경비 등) 파악하는 방법을 익혀나갈 것입니다.

▶ 주로 많이 실수하는 전표전송

1) 거래처에 등록된 직원이 없는데 복리후생비로 전송
→ 전송한 복리후생비는 접대비로 수정해야 합니다.

2) 업무와 무관한 불필요한 가사경비 전표전송
→ 병원비, 회사 업무가 아닌 가정에서 쓰는 것으로 보이는 영수증은 경비 인정을 받지 못하므로 법인의 경우는 잡비 등의 계정으로 몰아두고, 개인의 경우에는 인출금이나 아예 전표를 전송하지 않고 삭제하기도 합니다.

③ 일반전표 직접입력

스크래핑이 아닌 간이 영수증을 입력하는 경우 자격증 시험때 배운 내용과 혼동하는 것 중에 하나는 일반전표입력시 거래처코드를 생성하고 입력하는 일입니다. 일반전표를 입력할 때 거래처는 따로 거래처 등록을 하지 않고 한글로만 거래처를 써도 됩니다.

	일	번호	구분	계 정 과 목	거 래 처	적 요	차 변	대 변
	1	00001	출금	0813 접대비	문라이트 A&T	6 일반경조사비	100,000	(현금)

일반전표 입력을 하게 되면 실물 영수증 비용을 처리하는 것은 마무리가 되고요. 부가세 대급금 분개는 직접 입력, 급여전표는 회계프로그램의 전표처리기능을 이용하여 전표입력을 완료합니다.

3. 결산 관련 고객 응대

결산은 결국 거래처에서 내야 하는 최종세금과 연결이 되는데요. 법인세와 소득세 관련 질문에 대해서 알아보도록 하겠습니다. 이 책의 내용 중 신입이 응대하기에, 가장 난이도가 높은 부분입니다. 저는 소득세 신고 기간에 입사를 했는데 정말 사수분들이 거래처랑 무슨 얘기를 하는지 전혀 알아듣지 못했거든요. 지금은 내가 바로 이렇게 응대해야 한다는 부담보다, 소득세와 법인세 신고기간에 사수분들이 무슨 소리를 하는지 이해가 안 갈 때 이 부분을 읽어보시며 회사의 세금 신고기간을 적응해 나가는 것만으로도 충분합니다.

① 차량 관련

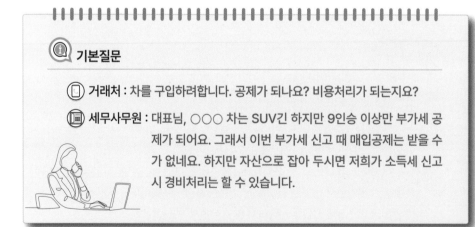

기본질문

거래처 : 차를 구입하려합니다. 공제가 되나요? 비용처리가 되는지요?

세무사무원 : 대표님, ○○○ 차는 SUV긴 하지만 9인승 이상만 부가세 공제가 되어요. 그래서 이번 부가세 신고 때 매입공제는 받을 수가 없네요. 하지만 자산으로 잡아 두시면 저희가 소득세 신고 시 경비처리는 할 수 있습니다.

기본적으로는 승용차, 9인승 이하의 차는 '부가세 공제'는 안된다고 생각하시면 됩니다. 경차는 가능하고요. 하지만 차마다 불공 처리내용 기준인 개별소비세 과세대상 차량인지 한 번 더 확인 후 안내를 해드리면 되겠죠? 요즘은 9인승 이상은 아니지만 SUV 차들이 많이 나오는 편이어서 (실제로 물건을 실어서 영업용으로 사용하시는 경우도 많음) 대표님들께 이유를 설명해 드리는 것이 좋습니다.

또한, 부가세 공제를 못 받는다는 것을 비용처리도 못 받는다고 생각하시는 분들도 계십니다. 부가세 공제와 비용처리는 다르다는 것을 알려주시면 됩니다.부가세 납부금액에서는 안빠지지만, 소득세 · 법인세 세금계산시 차감이 된다고 설명해주세요.

Q 부가가치세법 규정에서 비영업용승용차의 범위는 무엇인가요?

A 개별소비세법 제1조제2항제3호 규정에 따른 다음의 개별소비세 과세대상을 말합니다.

① 승용자동차 및 전기승용자동차

(모두 정원 8인 이하의 자동차로 한정하되, 배기량이 1,000cc 이하인 경차는 제외함)

☞ 예시 : 그랜저(O), 9인승 카니발(X), 모닝(X), 코란도스포츠(X)

② 이륜자동차(총 배기량이 125cc를 초과하는 것)

③ 캠핑용자동차(캠핑용트레일러 포함)

〈국세청 Q&A〉

---

② 비용 관련

세금이 많이 나온다고 이야기를 드리면 추가영수증을 가지고 오십니다. 가지고 오신 영수증에는 세법상 인정이 안 되는(주로 가사에서 쓰신 비용) 영수증이 가득한 경우가 있습니다. 쓴 것을 가지고 오기만 하면 경비 처리가 될 거라고 생각하시는 인식이 있는 거지요. 세금은 원하는 만큼 줄어들지 않습니다. 이런 경우 부드럽게 이 상황을 잘 말씀드리는 응대가 필요해요.

Q 이거 비용처리 되죠? 이 자료 줬으니까 이제 비용 많이 줄어들죠?
가족 신용카드 보내드려도 되나요?

세무사무원 : 대표님 보내주신 영수증(or 카드명세) 잘 받아보았습니다. 저희가 영수증을 검토해 보니 마트나 백화점 등에서 사용하신 내용이 많더라고요. 이것들은 저희 생각으로는 생활을 위해 사용하신 영수증인 거 같습니다. (맞으실까요?)

거래처 : 네, 그렇죠.

세무사무원 : 네, 그런데 자영업자의 세금을 계산할 때는요. 사장님이 생활에 사용하시는 비용을 넣기 전 이익으로 세금을 계산 해서요. 가사 경비는 안타깝지만, 비용으로 인정받기가 어려워요. 세무서에서도 각 해당 종목의 영수증을 검토할 수 있기 때문에 경비로 넣는 것이 어려워요. 대표님:)

③ 절세 관련

나름 신경 써서 신고서를 만들었는데, 거래처에서 만족스럽지 못한 반응을 보일 때가 있습니다. 업체의 상태를 파악할 방법을 소개해 드릴게요.

 case.1 : 가매출(가짜매출)을 끊었다.

의외로 더 매출을 끊어줘서 (상대 거래처가 사정해서) 매출이 발생하는 경우가 있습니다. 이런 경우 가매출로 인한 세금이 얼마나 더 나오는지 계산해 주시고 (신입때는 사수의 도움을 받아야 되는 부분입니다.) 앞으로 이런 일이 발생할 경우의 세금 부분에 대해 설명을 해드립니다.

 case.2 : 적격증빙을 받지 못했다.

적격증빙[세금계산서 · 현금영수증 · 신용카드]으로 받지 않고, 사용한 경비가 있으면 세금을 줄이기 어렵습니다.

■ 부가세를 적게, 혹은 지급하지 않고, 적격증빙 없이 매입을 거래하는 경우

　→ 가끔 부가세를 주지 않고 물건값을 낮게 거래하자는 제안을 받으시는 대표님들이 있으실거예요. 사업초기 인테리어비용, 비용이 꽤 되는 물건을 살 때도 많이들 물어보십니다. 부가세 안내고 거래해도 되냐구요. 이때 매입 부가세는 절세다. 부가세 신고 시 낼 세금에서 제외되니 손해가 아니라는 것을 꼭 말씀해 주셔야 합니다.

■ 사업자가 없는 사람에게 매입을 하는 경우

　→ 적격증빙을 못 받는 사람과 거래를 하면 이 사업자가 쓴 돈은 국세청에 보고가 되지 않아요. 사업하는 입장에서는 내가 쓴 돈이 드러나지 않습니다. 국세청에서도 이 사업자가 이익이 많이 났다고 생각해요. 또한 적격증빙을 받지않은 금액이 5천만원 이상이 되면 세무서에서 소득세 신고시 안내문을 보냅니다.

　즉 내가 적격으로 받은 증빙 부분까지도 세무서에 소명해야하는 귀찮은 일이 일어날 수 있어요. 그러니, 꼭 사업자가 있는 분과 거래를 할 수 있도록 유도해 주세요.

■ 인건비를 누락 한 경우(불법 체류자, 혹은 개인사정으로 인한 세금신고를 하지 않는 사람)

　→ 인건비 신고를 할 수 있는 사람을 고용할 수 있도록 (고용 증대, 통합고용세액공제, 정직원 신고시, 세금절세효과 설명) 안내해 주세요.

 quick tips

▶ 그럼에도 불구하고 이익이 많다면?

법인사업자는 이익을 가져갈 수 있는 방법을 제시해주면 됩니다. 개인사업자의 기본적인 안내로는 세금 절세가 되는 소득공제용 상품(노란우산공제, 퇴직연금 등) 가입을 추천드립니다. 개인사업장인 경우 법인과 개인의 세금 비교를 통한 절세 플랜을 안내해 드릴 수 있도록 세무사님께 보고를 드립니다.

4. 당기순이익 관련 고객응대

당기순이익은 거래처에서 올해 얼마 벌었는지 재무제표에 나타나는 수익입니다. 세금상담을 하려면 당기순이익을 먼저 말씀드려야 하는데요. 우선 법인사업자의 반응과 응대법을 살펴보겠습니다.

 [법인] 우리 회사가 그만큼 돈을 벌었다고요? 그러면 당기순이익만큼 통장에 돈이 있어야 하는 거 아닌가요? 결산이 이게 맞나요? ('당기순이익이 이상해요' 유형)

 세무사무원 : 대표님 세금은요. 올해 매출 세금계산서 발행한 것에서 올해 세금매입계산서 받은 거를 빼고, 올해 원천세 신고한 것과 기타 경비 쓰신 거 빼고 난 금액을 당기순이익이라고 해요. 대표님은 당기순이익을 통장에 지금 있는 돈이나, 외상대 회수 기준으로 봤을 때, 그만큼 아직 순이익이 안된다고 생각하실 수도 있는데요. 세금은 계산방법이 외상대를 내년에 받던 내후년에 받던 상관 없이, 올해 모두 다 입금 출금이 되었을 것을 기준으로 세금을 내라고 합니다. 이해가 되실까요?

개인사업자 같은 질문을 받으실텐데요, 기본적인 세금계산법은 법인과 같습니다. 개인 거래처가 세금이 많다고 생각하는 이유는 뭘까요? 개인사업자의 경우 각 소득별 세율이 차이가 있고요. 개인사업자는 통장을 입력하는 게 의무가 아니라서, 세무사무실에서 통장을 입력하는 것이 필수가 아닙니다. 그러다 보니, 세무사무원인 우리도 개인 사장님의 사정을 잘 모르고, 거래처 사장님들도 세무사무실에서 말해주는 당기순이익에 대한 이해가 쉽지 않습니다. 개인사업자 사장님들에 대한 답변 시작해 볼게요.

🖥 case.1 : 실제로 이익이 많다.

이익이 많으면 어떨까요? 세금을 내야 합니다. 이 부분은 질문을 미리 차단할 방법이 있습니다. 실제로 이익이 많으신 경우는 세금을 버신 돈에서 미리 떼놓고 사업을 할 수 있게 해드려야 합니다. 해결 방법은 바로 '미리 안내해 드린다'입니다. 이익이 많이 나는 업체는 가결산(하반기에 대략 이익과 세금을 계산해 드리는 행위) 등을 통해서 세금이 얼마나 나올지에 대한 물음을 받기 전에 미리 안내를 해드립니다.

최대한 미리 미리요. 처음에는 사장님이 놀라시겠지만 계속 인지시켜드리면 반응이 점점 잦아드실 거예요. 중간중간 안내를 통해 전달받지 않은 경비가 있다면 찾아주시고 아닌 경우 외형에 따른 세율(많이 벌수록 세금이 많아진다는 점)을 인식시켜 드려야 합니다.

📷 case.2 : 세금을 내야 하는 이익의 범위를 모른다.

개인사업자 사장님들은 세금을 내야 하는 기준을 생활비 다 쓰고 난 금액에서 세금을 내야한다 생각하시는 경우가 많습니다. 법인사업자 대표님들은 월급신고를 하고 생활비를 급여로 받으시는 돈으로 쓰시기 때문에 법인 결산에서는 대표가 가져간 돈이 반영됩니다. 개인사업자는 그렇지 않다보니 이해를 시켜드려야 합니다.

🄰 [개인사업자] 대표님의 이익이 많다고 하는 경우

📋 **세무사무원** : 대표님 저희가 1년에 번 소득 계산을 할 때는 통장에 남은 금액으로 계산을 하는 게 아니라 생활비를 쓰기 전 금액으로 계산을 하는 거예요. 실제 생활비 쓰고 통장에 남은 돈으로 세금을 계산하면 얼마나 좋을까요? 저도 월급이 2,000,000원인데 생활비 빼고 500,000원 남는 걸로 세금 내고 싶은데 월급기준액으로 4대 보험 떼고 소득세도 내고 하더라고요. 그리고 제가 사장님 이익을 년에 30,000,000원 번 것으로 신고를 하면 월에 대표님이 생활비로 가지고 가시는 금액이 2,500,000원이거든요. 사장님, 이 정도는 가져가시지 않으세요? 우리나라에서 이 정도 소득이 나오는 경우 ○○ 세율 구간이라서 이 정도 세금이 나와요. 자영업자분들은 근로자분들처럼 매달 세금을 안 떼고 한꺼번에 세금을 내서 그런데요. 자영업자도 미리 세금 떼 놓으면 사장님 세금 부담이 좀 덜할 텐데 말이죠.

▶ 세금의 이해 다른 직군과의 비교, 생활비의 예로 풀어가 보자.

사람들은 나만 그런 거 같으면 억울해하는데 다른 사람의 예를 들어서 설명해 주면 조금 더 공감을 쉽게 합니다. 여기서 세무사무원인 '나'를 예를 든 이유는 대부분의 자영업자분들은 직장인들보다는 돈을 많이 번다는 생각을 가지고 있기 때문입니다. 아무리 못 번다고 말하셔도 평범한 직장인들보다는 많이 버시더라고요. (이 부분은 상황에 맞춰서 좋은 방법으로 변경하셔도 될 거 같아요)

세무사무실은 종합소득세를 대부분 소득률로 맞춰서 계산을 합니다. 아마 계산해 보시면 아시겠지만 개인사업자의 소득금액은 엄청 낮은 편입니다. 그래서 월평균 생활비를 기준으로 역으로 1년 번 돈을 계산해보면, 그 부분에서 반발하는 사장님은 거의 본 적이 없습니다. 대부분 내가 다 쓰고 남은 돈에 대해서 세금을 낸다는 인식들이 있으셔서 그래요. 또한 세금을 적게 내고 싶다고 말씀은 하셔도, 위험하게 적게 내고 싶으신 분들은 별로 없습니다. 이렇게 현실감을 가지고 대화를 이끌어 나가시다 보면 논쟁은 많이 줄어들 것입니다.

또한, 이런 논쟁의 대화에는 '– 다!'로 끝나는 확신의 언어보다는 공감의 말투로 대화하시는 것도 대화를 잘 이어나갈 수 있는 팁이고요.

5. 세무사무실의 수수료 관련 문의

세무사무실에서 매달 기장료말고 세금 신고를 하고 돈을 추가로 받는 게 있는데요. 결산을 하고 난 후 법인세와 소득세를 마무리하면 조정수수료라는 것을 거래처에 청구하고 받습니다. 조정료를 청구하면 따라오는 질문 '조정료가 무엇인가요?'에 대한 응대법을 같이 살펴볼게요. 저도 신입 때 조정료가 어떤 의미인지 몰랐습니다. 저도 모르니 사실 거래처로부터 이 질문을 받고서는 어떻게 설명해야 하는지 막막했었고요.

 조정료가 뭐에요? 세금 조정해주는 건가요?
 - 조정료를 받고 세금을 조정해주는 건가요?
 - 세금도 안 줄었는데 왜 조정료를 받나요?

 세무사무원 : 아 네 대표님. 조정료는 결산 후에 저희가 세법상으로 적합한 비용인지 아닌지를 점검하고 비용 가감 조정 후 세무서에 보고하는 서식의 이름에서 온 수수료입니다. 그 서식의 이름이 조정계산서거든요. 우리나라에서 외형이 ○○ 천만원 이상 되신 분들은 세무사님의 조정검토를 통해서 세금신고를 하게 되어 있어요. 그래서 저희도 결산시즌에 그 일을 추가적으로 하고 있고, 그 업무에서 발생하는 용역수수료를 청구드리는 겁니다.

6. 기타 사무실, 지인들과 비교

이런 종류의 질문의 포인트는 거래처가 그런 기분을 느낀다는 거예요. 논리적으로 생각해보고 이야기하는 것은 아닙니다. 진짜 그런 경우는 이관(다른 세무사무실에 간다)을 하시겠죠. 세무사무실도 감정노동이 심한 업종 중 하나입니다. 세무사무실에서 거래처분들께 안내해 드리고, 대화해야 하는 내용이 세상에서 사람들이 드러내길 싫어하고, 쓰고 싶지 않아 하는 돈 중에 하나인 세금에 관련된 내용이니까요.

힘들지만 조근조근 설명해 주세요.

지인이든 타 세무사든 이것보다 더 줄일 수 없을 만큼 세금계산의 완성도가 높다면 그 부분을 거래처에 잘 말씀하세요. 이런 부분은 사실 능청스럽게 대처하는 것이 방법 중에 하나입니다. 오히려 내가 잘한 부분, 자신 있는 부분을 어필해 보는 거죠.

📱 **거래처** : (다른 곳이랑 비교하며)

- 지인 거래 세무사는 다 해준다는데,
- 나만 세금 많이 나온 거 같아요.
- 다른 사람들은 세금 하나도 안 낸다는데 왜 나만 이렇게 많이 나와요?

📠 **세무사무원** : 에이, 사장님. 제가 사장님 세금 동종업계 비교했을 때 가장 적게 나올 수 있도록 해두었는데 지인분과 어떤 이야기 나누셨을까요? 그분이 기본적으로 공제되는 인원이나 추가 상품 등을 가입하신 게 아니면 저희보다 더 낮게 나올 수 있는 방법이 없거든요. 외형 얼마고 당기순이익 얼마고 인적사항 다 알려주시면 정말 사장님이 더 많이 내신 것인지 제가 알아봐 드릴 수 있어요.

📠 **세무사무원** : 사장님, 수입이 있는 사람 중에서 피해 갈 수 없는 것 중의 하나가 세금인 거 아세요? 세금을 안 낸다는 건 아마 돈을 그만큼 못 벌어서겠지, 이 세상에 돈 많이 벌면서 세금을 피해갈 수 없는 사람은 없어요

이런 이야기가 이어지면 더 많이 버는 사람들, 과세 관청, 정치 등 다양한 화살을 누비며 한탄의 목소리가 같이 들립니다. 나의 인격 모독 류의 언행이 아니라면 (이런 경우는 반드시 상사분에게 보고해야 하고요.) 거래처 사장님들의 이야기를 들어주시고 맞장구 쳐주시고 마음에 담아 두지 말고 통화 후에 흘려보내세요.

[대립이 힘든 세무사무원들에게 보내는 응원의 메시지]

네, 쉽지 않은 답변이라는 거 압니다. 이렇게 얘기해 주어도 무작정 세금깎아달라 떼쓰시는 분들도 계실 것이고요. 맞는 소리를 했지만, 상대방에게 기분이 안 좋은 소리를 들으시는 경우도 있으실 거예요. 하지만 너무 낙담하지 마세요. 그렇다고 거래처에

서 해달라는 대로 혹은 마찰을 피하기 위해서 거래처가 해달라는 것을 해주는 게 더 쉽 겠다는 생각은 하지 말아주세요. 세무사무원의 소명의식에 어긋나는 일이에요.

감당이 안 되는 어려운 통화는 상사분에게 SOS 요청하시고. 혹시나 내가 말씀드 렸을 때는 수긍을 안 하는데 상사가 말할 때는 수긍을 한다면 어떤 통화내용이 다른 결 과를 낳았는지 생각해 보세요. 거래처의 성향에 따른 응대방법에 해결방법이 있는 경우 가 많을 거예요. 이 일도 결국은 거래처와 신뢰를 쌓아가면 해결할 수 있는 일들이 많답 니다. 상사의 전화 통화에서 나의 부족한 부분을 캐치해 두고 조금씩 따라 하다 보면 진심 을 알아주는 사람도 생긴답니다. 그리고 거래처에서 가끔은 이런 소리도 듣게 된답니다.

> 👍 **세무사무원의 세금응대에 설득된 경우(이런날을 기다리며 응대해 보아요)**
>
> 📱 **거래처** : 아이참, 세금이 너무 많이 나오는 거 같은데. ○○○ 담당자님이 그 렇게 말씀하시니 내는 게 좋을 거 같네요. 그래도 비용 중에 좀 더 뗄 수 있는 거 있는지 확인 좀 해주시고 최대한 적게 나오도록 신경 좀 써주세요.
>
> 🗂 **세무사무원** : 네 대표님, 감사합니다. 최대한 세금 적게, 그리고 문제 되지 않 게 나올 수 있도록 검토해 보고 다시 연락드리겠습니다.

물론 안 바뀌는 사람들도 있습니다. 하지만 내 신뢰도가 높아질수록 나의 대화도 상대에게 마음을 바꾸는 영향을 줄 수 있게 된다는 것 잊지 마세요. 진상거래처도 있지 만, 나를 거래처 담당자로 좋아하는 사람들도 늘어날거니까. 그 보람도 이일 끝에 꼭 느 껴보셨으면 좋겠습니다.

POINT

▶ **결산 : 세금상담 맛보기**

    1. 세무사무실의 결산순서익히기(매입매출, 통장전표, 거래처원장확인)
    2. 회계프로그램 통장업로드 하는법 파악하기
    3. 일반전표입력, 불필요한 경비 구분법 익히기

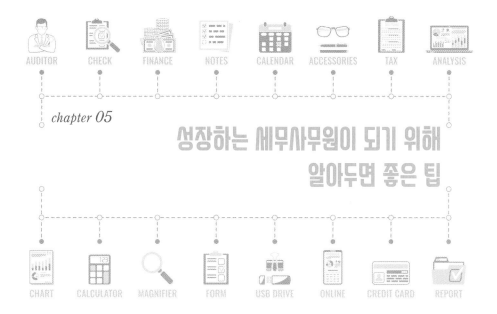

나 회사에서 일 잘하고 있나? 자가 진단 방법

신입 시절에는 내가 일을 잘하고 있는지? 제대로 배우고 있는지? 상사는 나를 맘에 들어 하는지가 수시로 궁금합니다. 회사는 학교처럼 점수를 매기고 직원에게 보여주진 않습니다. 하지만 사수분들은 신입직원에게 일을 시키면서 직원들의 업무역량을 파악합니다. 그리고 앞으로 이 직원을 어떤 자리로 배치할 것인지를 고민하게 됩니다. 직접적인 평가는 없지만 내가 회사에서 일을 잘하고 있는 사람인지 확인할 수 있는 방법은 있습니다.

바로 나에게 주어진 업무와 상사의 행동을 보면 알 수 있습니다.

첫 번째, 혹시 사수가 내가 하던 일을 도중에 가져가서 마무리하고 있나요? 이 경우는 사수가 예상했던 역량보다 내가 일을 못해내고 있다는 것의 증거입니다.

두 번째, 회사에서 주어지는 업무가 더 이상 새로운 것이 없이 반복된 채로 지시가 내려오나요? 이런 경우는 낮은 단계의 업무를 소화시키지 못하고 있는 경우에 해당됩니다. 즉 믿고 맡길 수가 없어서 상사가 그다음 난이도의 일을 줄 수 없는 상황입니다.

세 번째, 회사에서 주어진 일이 적응이 될 만하면 새로운 일을 받고 계시나요? 축하드립니다. 당신은 상사에게 일 잘하는 사람으로 각인 되었을 가능성이 큽니다.

상사가 어떤 일을 나에게 주느냐에 따라서 당신이 일을 잘하고 있는지 아닌지를 알 수 있답니다.

✏️ 이런 회사는 피하자, 성장에 도움 안 되는 회사 파악하는 법

이번 장에서는 신입 입장에서 피하면 좋을 회사들 소개해 드리겠습니다.

👪 명의대여사무실

세무사무실 중에 세무사님 or 회계사님이 운영하지 않고, 사무장이라는 분들이 운영하는 사무실이 있습니다. 면접 자리에서는 이런 이야기는 하지 않기 때문에 다니시면서 꼭 파악하세요. 사무장이 회사 내에 실무자 중 최고 의사결정을 하는 직급인 사무실도 있는데요. 간혹 사무장이 회사의 사장인 경우가 있습니다. 회사를 갔는데 세무사님의 얼굴을 본 횟수가 손에 꼽을 정도인 사무실인 경우는 명의대여사무실일 가능성이 큽니다.

명의대여란? 세무업을 할 수 있는 세무사님의 자격증만 빌려서 세무업을 하는 불법행위입니다. 세무사님이 운영하지 않는 사무실이라는 뜻입니다.

👪 박리다매 거래처가 주된 업무인 사무실

두 번째 케이스는 사업의 운영 방향에서 배울 점이 없는 사무실인데요. 회사에 입사하면 회사의 거래처가 단일업종으로 되어 있는지? 기장료 단가가 얼마인지를 파악해 보세요. 기본적으로 개인사업자의 기장료는 80,000~100,000원입니다. 법인사업자는 150,000원 부터 시작한다 생각하시면 되는데요, 기장료가 이보다 훨씬 저가이며 기장 개수가 많은 사무실인 경우는 회사의 영업방식이 박리다매 스타일인 경우가 많습니다.

이 두 회사에서도 제가 이 책에 써 놓은 기초적인 내용은 경험할 수 있습니다. 세금신고서는 동일하게 생겼으니까요. 하지만 여러분이 전문적인 세무사무원이 되려면 세무업으로 사업을 할 비즈니스 마인드를 가진 회사를 만나야 롱런할 수 있습니다. 세무대리 자격에 대한 소명 의식이 없는 사람이 운영하는 회사에서 성장할 수 있을까요? 박리다매의 구조의 회사는 기장 개수를 많이 해야 하는데 과연 신고 퀄리티를 높이는 업무를 할 수 있을까요? 그저 신고서 만드는 기계가 될 수도 있습니다.

✏️ 내 성장의 부스터 샷!
세무사무원이라면 알아야 할 온라인 사이트 BEST 3

'내 사수는 너무 바빠, 나는 좀 더 빠르게 성장하고 싶어!' 하시는 분이라면 이 장을 주목해 주세요.

세무사무실의 업무는 도제식 배움의 성향이 강하여 여전히 사수가 중요합니다. 하지만 내 맘 같지 않은 회사 환경, 회사 밖에서 내 실력을 성장시킬 수 있는 사이트들이 계속적으로 늘어나고 있습니다. 최근 몇 년 사이에 세무사무원의 교육 트렌드가 빠르게 바뀌고 있는 걸 느끼고 있습니다. 실제 제가 근무하던 사무실에서도 온라인 사이트로 교육을 진행하고 있고요.

앞으로도 자체 교육 시스템이 부실한 세무사무소에서 온라인 강의로 신입직원들을 교육할 거라고 예상합니다. 그 중에서 세 군데 사이트 소개해 드리려고 합니다.

굿택스 [실무자 정보 공유 카페] https://cafe.naver.com/goodtaxgood

경리 · 회계인분들이 모여있는 대형카페가 몇 개 있는데요. 이 카페는 세무사무원 분들이 가장 많이 모여 있는 카페입니다. 카페의 글도 세무대리인들의 업무상 궁금증 이 많이 올라옵니다. 카페 매니져이신 굿택스 조아님의 최신 세법 공유를 시작으로, 회원분들끼리 세무관련 정보 공유도 활발합니다. 회원 수는 만명이 넘었구요. 최근에는 연봉공유까지 투명하게 해주시는 회원분들이 있는거 보면 그만큼 카페에 대한 믿음이 있지 않을까? 라는 개인적인 생각을 가지고 있습니다.

신입분들이 보면 좋은 글로는 '꿀꿀사수의 알뜰 세무정보' 칼럼이 있습니다. 같은 업종에서 근무하는 다른 세무대리인들과 소통하고 싶다면 추천하는 카페입니다.

와캠퍼스 [온라인 교육사이트] https://wacampus.kr

와캠퍼스는 경리/세무/회계 실무자의 든든한 온라인 사수들이 모여 있는 온라인 교육 사이트입니다. 월구독료[19,900원]으로 딱딱한 세법 강의 보다는 실무에 도움이 되는 강의들이 많다는 장점이 있습니다. 와패스 강의 중 2023년도 수강생 선택 TOP3 에 들었던 강의들 입니다.

입사할 때 꼭 챙겨야 할   신입직원도 경력직처럼 일하는   워라밸 지켜줄께! 매월 세무업무
세무사무원 바이블   세무업무 매뉴얼   비밀 매뉴얼

저 또한 온라인 교육의 필요성에 공감하며 이 사이트에서 캡틴으로 활동하고 있습니다. 최근까지 이 사이트의 아쉬운 점은 프로그램 시연 강의가 없다는 것이었는데 최근에 [꼼꼼 세무-커리어 스타터 패키지] 라는 프리미엄 강의를 런칭했습니다. 세무실무강의를 조금 더 현장에서 바로 써 먹을 수 있게 만들겠다는 포부로 만들어진 강의입니다.

꼼꼼 원천세&4대보험 신고
완전정복

#원천세   #4대보험   #연말정산

이론의 실무적인 내용에서 넘어가 진짜 실무에서 일어나는 이야기, 자료 받기, 실제 급여 입력해 보기 등으로 조금 더 회사에서 하는 실무와 간격을 줄인 강의입니다. 세무사랑과 위하고 두가지 프로그램 사용법으로 구성되었다는 것이 장점입니다. 저자인 저도 원천세 파트를 맡아서 강의를 만들었는데요. 좀 더 체계적으로 업무, 고객 응대에 대한 부분을 공부하고 싶으신 분들께 추천합니다.

그 외 교육사이트

• 더존 온택트 재경스쿨_ https://bm.douzoneedu.co.kr

더존에서 만든 온라인 교육 사이트입니다. 더존 프로그램을 활용한 실무 교육들이 많이 있습니다. 신입세무사무원을 위한 상품으로는 '세무사무소 패키지'가 있는데요. 이 상품은 2021년도 런칭 이후 현재까지는 업데이트 되고 있지 않습니다.

• 김태원세무사_ YOUTUBE www.youtube.com/@TV-tl2bh

경력 직원들이 좋아하는 세무사님이 운영하시는 유튜브입니다. 세법에 개정된 사항이 있을 때 개정세법이 어떻게 프로그램에 적용이 되는지? 한참 고용증대로 이슈가 되었을 때 가장 빠르게 해결 방법을 제안해 주신 세무사님이세요. 세무사무원의 일하고 싶은 마음을 가장 빨리 알아주시고 교육해주시는 분입니다. 그래서 팬이 많이 생기셨습니다. 뭔가 개정된 내용이 생기면 '김태원 세무사님이 언제 강의해주실까?' 하며 기다리시는 분들이 많이 계신답니다. 세무사무원이라면 구독하시고 새로운 영상은 챙겨보시는 것이 이익이실거예요.

- 나의 세무해방일지 [성장을 꿈꾸는 세무대리인의 놀이터]
  https://cafe.naver.com/taxworklog

직접 손으로 익히고 정리하는 실무 가이드북인 '나의 세무업무 해방일지' 에서 만든 카페인데요. 저자인 제가 운영하고 있는 카페입니다. 기록과 세무대리인으로써의 성장이 키워드인데요. 다른 사이트와 다른점이라면 온라인 줌 미팅, 오프라인 모임, 오픈 챗방 운영 등 직접 참여하고, 전국의 세무대리인들과 함께 연결되고, 소통하는 프로그램들이 많습니다. 카페의 글들은 단순 질문보다는 공부한 내용을 올리거나, 서로 생각을 나누며 실무 역량을 높이는 글들이 많습니다. 게시글의 양보다는 질을 높이는데 신경을 쓰고 있어요. 업무 템플릿 무료 공유, 월말 회고 모임, 상반기 회고, 시즌별 커리어 역량을 점검할 수 있는 오프라인 코칭클럽, 이력서 업데이트 등 함께 모여 성장할 수 있는 프로그램도 열리는 곳입니다.

신입직원 개인의 성장의 속도는 모두 다릅니다. 특히나 요즘처럼 내가 필요한 정보를 발품 팔지 않아도 인터넷으로 볼 수 있는 콘텐츠가 넘쳐나는 시대에는 더욱 그러합니다.

온라인은 배움의 허들이 없는 곳입니다. 물론 의지와 돈은 필요하긴 합니다만. 예전처럼 직장의 사수만이 전부인 시대는 지나간거 같아요. 저는 여러분이 지금 시대의 축복을 누리셨으면 좋겠습니다. 원하는 성향에 맞게 온라인의 장점을 이용하여 꽉찬 성장하시기를 바래요.

chapter 06

질의 응답해설 30선

이번 챕터는 그간 SNS 활동, 커피챗등을 통해 자주 받은 30개의 질문을 모아서 관련 답변을 담아보았습니다. 이업으로 커리어를 쌓아가고 싶으신분들이 취업 전에 많이 물어보시는 질문, 취업을 하고 나서 실무를 바로 접했을 때 물어보시는 실무 관련 질문, 마지막으로 세무사무원&커리어에 대해 전반적으로 궁금해 하는 질문을 담아 두었습니다. 아마 시기별로 그 당시 한번쯤은, 고민하거나 생각했었던 질문들이실꺼예요.

특히 마지막 커리어 관련 질문에는 개인적인 업계에 대한 생각들을 많이 담았는데요. 저 또한 현직 세무실무자분들의 생각이 궁금한 부분이기도 합니다. 유튜브 컨텐츠로도 발행할 예정이니 이 책을 통해 저와 소통하는 세무실무자 분들이 더 많아졌으면 좋겠습니다.

01 세무회계사무실 취업에 도움되는 자격증은 무엇이 있나요?

전산세무 2급을 추천해요. 전산세무2급 시험 범위를 보시면 재무회계,부가가치세, 원천제세가 나오는데요. 이 세가지가 세무사무실에서 하는 업무예요. 전산회계1급 과 비교하면 원천세가 차이가 나죠.

해설

일반기업으로 취업하시는 분들은 회사에 따라 원천세업무를 하지 않으시는 분들도 있을꺼예요. 하지만 세무회계사무소는 모든 직원이 입사하면 가장 먼저 하는일이 원천 세신고 랍니다. 그러니 이일을 하기 위한 준비를 했다고 생각할수 있는건 전산세무2급 자격증을 가지고 있는지, 아닌지 겠죠? 자격증은 전산세무 2급으로 충분합니다. 간혹 취업이 잘 안되는 경우 취준기간을 더 늘리면서 전산세무 1급을 취득하는건 어떤지?에 대한 질문도 받곤 하는데요.

이론공부와 실무는 같이 병행이 되야 원하는 업무력을 갖출수 있어요. 취업 후 실무 를 익히고, 그 후에 전산세무 1급을 공부하면 이해도 더 잘되고, 실무가 더 탄탄해 진다 고 현직 세무사무원분들이 이야기하시더라구요. 취업을 미루지 말고, 전산세무 2급으 로 더 많은 이력서를 넣어 취업에 도전하는것을 추천합니다.

종목	등급		평가범위	단락
전산 세무 회계	전산 세무 1급	이론	재무회계(10%), 원가회계(10%), 세무회계(10%)	국가 공인
		실무	재무회계 및 원가회계(15%), 부가가치세(15%) 원천제세(10%), 법인세무조정(30%)	
	전산 세무 2급	이론	재무회계(10%), 원가회계(10%), 세무회계(10%)	
		실무	재무회계 및 원가회계(35%), 부가가치세(20%), 원천제세(15%)	
	전산 회계 1급	이론	회계원리(15%), 원가회계(10%), 세무회계(5%)	
		실무	기초정보 등록수정(15%), 거래자료 입력(30%) 부가가치세(15%), 입력자료 및 제장부 조회(10%)	
	전산 회계 2급	이론	회계원리(30%)	
		실무	기초정보 등록수정(20%), 거래자료 입력(40%) 입력자료 및 제장부 조회(10%)	

한국세무사회 '국가공인자격시험 전산세무회계 시험개요'

02

실제로 자격증을 따는 과정에서 배우는 실무 파트가 취업 후 실제 업무에서도 많이 사용되나요? 그리고 자격증이 있어도 많이 헤매거나 배울 게 많은가요?

자격증 시험은 실무를 하기 위한 기초 이론과 프로그램 입력 방법을 배운다고 생각하면 좋을것 같아요. 프로그램 입력 방법과 실무적용에는 살짝 갭이 있습니다. 자격증 시험문제는 회사의 상황에 대한 정확한 예시를 주고 회계처리만 하도록 시험문제가 출제가 됩니다.

해설

문제5   2023년 귀속 원천징수자료와 관련하여 다음의 물음에 답하시오. (15점)

[1] 다음은 생산직 근로자인 이현민(사번 : 105)의 3월분 급여 관련 자료이다. 아래 자료를 이용하여 3월분 [급여자료입력]과 [원천징수이행상황신고서]를 작성하시오(단, 전월미환급세액은 420,000원이다). (5점)

1. 유의사항
- 수당등록 및 공제항목은 불러온 자료는 무시하고 아래 자료에 따라 입력하며, 사용하는 수당 및 공제 이외의 항목은 "부"로 체크하고, 월정액 여부와 정기·부정기 여부는 무시한다.
- 원천징수이행상황신고서는 매월 작성하며, 이현민의 급여 내역만 반영하고 환급신청은 하지 않는다.
2. 급여명세서 및 급여 관련 자료

<table>
<tr><td colspan="4" align="center">2023년 3월 급여명세서</td></tr>
<tr><td colspan="4">㈜파쇄상회</td></tr>
<tr><td>이름</td><td>이현민</td><td>지급일</td><td>2023.03.31.</td></tr>
<tr><td>기 본 급</td><td>2,600,000원</td><td>소 득 세</td><td>10,230원</td></tr>
<tr><td>상 여</td><td>600,000원</td><td>지 방 소 득 세</td><td>1,020원</td></tr>
<tr><td>식 대</td><td>100,000원</td><td>국 민 연 금</td><td>126,000원</td></tr>
<tr><td>자가운전보조금</td><td>200,000원</td><td>건 강 보 험</td><td>98,270원</td></tr>
<tr><td>야 간 근 로 수 당</td><td>200,000원</td><td>장 기 요 양 보 험</td><td>12,580원</td></tr>
<tr><td>월 차 수 당</td><td>300,000원</td><td>고 용 보 험</td><td>29,600원</td></tr>
<tr><td>급 여 합 계</td><td>4,000,000원</td><td>공 제 합 계</td><td>277,700원</td></tr>
<tr><td colspan="2" align="center">귀하의 노고에 감사드립니다.</td><td>차 인 지 급 액</td><td>3,722,300원</td></tr>
</table>

[출처: 제107회 전산세무2급 A형]

실제 회사에 입사해서 받는 서류는 이런 형태입니다

4월 급여대장

<직원>
김직원 기본급 2,400,000원+ 식대 200,000원 +상여(성과금) +120,000원
이직원 기본급 1,700,000원

<파트타임 근무자>
김알바(주민번호 : 040401-3000000) 17시간* 13,500원 = 229,500원 (퇴사)
이알바(주민번호 : 030401-4000000) 54.5시간*10,000원+휴가비 200,000 원

이런 자료를 보고 위의 문제처럼 언제 나간 급여이고, 어떻게 신고를 해야하는지를 알아서 해야하는게 실무죠. 이 부분이 자격증 공부한것과 가장 차이가 많이 납니다. 자격증 공부하면서 배운 이론과 프로그램 입력방법을 실제 업무에 적용하도록 재가공 해야하는 커다란 산이 하나 남아있는거죠.

이와같은 실무내용을 자격증 시험에서는 다룰 수 없기 때문에 현장에서 직접 거래처의 실무 자료도 받아보고, 프로그램에 입력도 해보면서 키울수밖에 없어요. 많이 헤맬꺼고, 이제부터 시작이라고 보시면 되세요.

03 세무사무원 취업을 준비중인데 나이가 많으면 취업이 어려울까요?

나이가 많다는것은 개인차가 있는거 같아요. 30대, 40대, 50대, 모두 나이가 많다고 저에게 질문을 주시는데요. 세무사무원은 나이와 상관없이 오래 일할수 있다고 하는 직업 중 하나죠. 그 이유는 세무회계사무실의 대표님들이 거의 80세 이상까지도 사무실 운영이 가능합니다. 그래서 젊은시절 근무를 같이 하다가 현역에 있으신 분들도 같이 나이를 먹어 50~60까지도 같이 일하시는 분들이 많아요.

해설

제가 생각할때, 신입을 뽑을 때 나이가 많다의 기준은 그 세무회계사무실의 근무자들의 연령대에 따라서 반응이 다를꺼라 생각해요. 40대 중반 세무사무원분이 다니고 있는 회사는 40초반도 나이가 많다고 생각하지 않을거고요. 20대 직원들이 많은 회사인 경우는 30대, 40대는 나이가 많다고 생각할수도 있겠죠. 대표 세무사님의 나이도 직원의 나이를 평가하는게 기준이 되기도 하구요.

최근 제가 운영하는 카페에서 실무자 분들의 나이에 대한 설문을 한적이 있는데요. 40대 이상, 경력단절 이후 재취업을 하시는분들도 꽤 계셨답니다. 그래서 대표 세무사님의 연령과, 직원들 연령대랑 잘 맞는다 생각하면 스스로 늦다고 생각하는 나이에도 취업이 가능합니다.

취업공고 보실때, 우선 연혁이 좀 오래된 사무실일수록 구성원들이 나이가 있을 가능성이 있으니 공고를 잘 보시고 취업의 문을 두드리면 좋은결과 있으실꺼라 생각해요.

04 세무회계사무실은 학벌에 대한 차별이나 혜택은 없나요?

세무업종은 회사 다니시면서 학력 이야기는 전혀 안합니다. 일만 잘하면 됩니다.

해설

차별없습니다. 학력에 따른 가산점이나 승진 혜택도 없습니다. 그래서인지 고스팩을 가지고 계신분들은 근무하시다 이탈 가능성이 많기도 합니다. 그래서 고스팩을 가지고 있는 지원자를 회사에서 꺼려하는 경향도 있습니다. 분명히 스팩관련 혜택이 없는 것이 괜찮다고 했는데, 입사 후 퇴사하시는분들이 많거든요. 이직률도 높구요.

05 세무회계사무실에서 여성을 우대하는 곳이 많은 것 같은데 여성을 우대하는 이유는 무엇인가요? 남자는 잘 안뽑는다는 이야기가 있던데, 남자가 세무사사무실 취업은 힘든가요?

성차별은 아니지만 아무래도 같이 일하는 여성동료들이 많아서 인 거 같습니다.

해설

그래서 세무회계사무실하면 여초회사의 문화가 있다. 라는 말도 많더라구요. 하지만 남자는 절대 안뽑는다는 이유는 없어요. 저도 남성직원분과 같이 일한 경험이 있습니다. 직원을 뽑으시는 세무사님, 회사의 인사담당자에 따라서 다를 것 같아요.

06 취업공고에 보면, 세무법인과 세무사무실(개인사무실)이 있던데 어떤 차이가 있는건가요?

 우선 회사의 구조적인 부분을 설명하자면 세무법인, 회계법인 모두 출자한 세무사님 몇분으로 구성되는 법인회사라고 생각하면 됩니다.

해설

그런데 일반적으로 우리가 알고 있는 법인회사와는 운영형태가 좀 달라요. 다 같이 일하기 보다는 (세무사1 + 직원여려명)으로 구성된 몇 개의 팀이 모여서 공간을 같이 쓰는 회사 형태가 많아요.

구성원들이 많아도, 직접적으로 내 업무와 연결되는 경우도 없구요. 그래서 세무법인에 지원을 하는 경우 그 회사의 간판 보다는 담당 세무사님과 팀원들에 대해서 구체적으로 알아보고 입사하는것이 좋아요.

07 규모가 있는 사무실일수록 체계적으로 일을 배울 수 있나요? 첫 입사하는 세무회계 사무실로 추천 하는 사무실이 있으신가요?

규모는 세무법인과 개인사무실의 차이에서도 이야기 했듯이, 크게 상관은 없다고 생각합니다. 어차피 팀 단위로 운영이 됩니다. 단 팀의 규모는 다를수 있겠죠. 직원이 1~2명인 곳 보다는 3~4명이상 되는 곳을 추천 해요.

해설

회사 전체 규모 보다는 직속 사수가 있는지? 신입을 육성시키려고 직원을 뽑는 건지? 와 실제 업무를 봐줄 실무자의 연차를 보는게 좋죠. 직원이 1명인데 세무사님이 매번 영업뛰러 나가셔서 사무실에 혼자 있으면 일을 배울 사람이 없을 수 있으니까요. 그리고 규모가 있는 사무실에 취업할때 주의할점은 사무실을 일반 회사처럼 조직적으로 키우려는 회사들이 있는데요. 세목별로 업무분업을 시키는 경우가 종종 있습니다.

즉 1년차에 그 회사에 원천세를 모두 맡아서 하는 경우가 있어요.

이런 경우 만약 그 회사에서 오래 일하지 못하면, 일을 일부분만 배우다가 퇴사하게 되면 이직이 힘듭니다. 입사시 우리회사는 1년차에는 ○○세목만 해. 라고 이야기하는 경우는 그곳에서 기장업무를 몇 년을 해야 배울 수 있는지도 잘 생각해 보고, 입사하시고 커리어를 쌓아 나가시는 것을 추천해요.

08 세무사사무실 채용공고가 가장 많이 올라오는 시기와 아닌 시기가 나눠져 있나요?

 대체로 세무사무원분들은 상반기의 굵직한 신고들이 끝나면 이직을 합니다. 요즘은 7월 부가세 이후에 많이 움직이는거 같아요. 7, 8, 9월 정도 직원 교체가 된다고 보시면 되십니다. 그때 직원이 필요하면 충원도 되겠지요.

해설

그 시즌에 올라오는 회사들이 괜찮은 회사에 속한다고 보면 될꺼 같습니다. 제대로 된 회사라면 상반기 동안은 직원을 잘 데리고 있을 가능성이 높습니다.

상반기에 사람을 급구하는 곳 같은 경우 급작스럽게 직원이 이탈을 했나? 미리 짐작할 수 있겠죠. 신입이 상반기에 입사를 한다면, 실무자분들이 업무에 치여서 일을 천천히 알려줄 수 있는 시간은 없다고 생각하고 입사 하세요.(하지만 실제 바쁠 때 사무실 분위기 파악하기에는 괜찮습니다. 상반기랑 하반기의 세무사무실 풍경이 다릅니다.) 하반기때 여유롭게 근무하시다가 상반기 업무 모습에 놀라 퇴사하시는 분들도 봤거든요.

09 세무회계사무실에서 경력을 쌓고 중소기업 회계팀으로 이직을 하게 된다면, 경력인정이 되나요?

세무회계사무실에서 하는일과, 한 회사에서 회계팀에서 해야하는 업무는 완전히 같다고 하기는 어려운거 같아요. 이직하는 회사에서 해야할일을, 미리 해봤기 때문에 경력 인정이 된다? 라고 확신있게 말씀드리긴 어렵습니다.

해설

하지만, 세금신고를 한다는 큰 틀은 같다보니 인사 담당자가 세무사무실 경력을 높게 평가하는 회사가 있다고 합니다. 노베이스로 입사를 하는 것 보다는 가산점이 되겠다 정도 생각하는게 좋아요. 세무회계 사무실에서 거래처의 회계팀장으로 스카웃 되는 경우들도 종종 있어요. 그리고 저연차의 이직말고, 만약에 마지막으로 그리는 꿈이 중견기업, 더 큰 기업으로 가고 싶은 목표가 있다면 4년제 학력은 꼭 준비하셔야 하세요. 입사 조건에서 학력의 제한이 있는 경우들이 있습니다.(4년제 이상)

세무회계사무실은 경력과 학력이 이직에 영향이 없지만, 일반회사는 나중에 가고 싶어도 학력조건이 안되서 지원을 못하시는경우들도 본적이 있습니다. 저도 그 단점을 입사하고 회사에 나와서 알게 되었고, 그래서 회사다니면서 공부해서 학력조건은 갖춰두었답니다.

10 업무상 가장 바쁜 달은 언제고, 야근을 많이 해야 하는 시기는 언제인가요? 세무회계사무실에도 워라밸이 있는지 궁금합니다.

세무회계사무실은 주로 상반기, 하반기로 나누는데 1~5월정도 바쁘다.(마음도 바쁘다. 신고가 안끝나서)라고 볼수 있구요. 7월도 부가세 신고가 있어서 야근이 있습니다. 1월, 7월은 빡세게 2주(부가세 신고 기간이 짧고 많은 업무를 한꺼번에 해야되서요) 3월, 5월은 넉넉하게 3주 정도를 야근할 것 생각하고 있어요.

해설

물론 회사에 따라서 더 많은 기간, 더많은 시간 야근 하는 경우도 있습니다. 하반기에 일을 많이 안하고, 상반기에 몰아서 일을 하는 회사인 경우는 야근을 안 할 수가 없습니다. 워라밸의 경우는, 제가 입사했던 시기(약 15년전)만 해도 상반기는 야근 많고 업무 강도가 높고, 하반기에는 논다. 라는 인식이 있었는데 요즘은 하반기도 한가하지는 않아요. 이유는 매월 원천관련 업무가 정말 많이 늘어났어요.

그리고 하반기에 여유가 있던 이유는 일을 할 자료들이 하반기에 세무회계사무실에 전달이 안되서 그랬는데요. 요즘은 일을 할 수 있는 자료들을 빠르게 받을 수 있어서 하반기에도 할 일은 많답니다. 단 일을 좀 해두면 상반기 야근이 줄어드는 (회사에 따라서 다릅니다.) 시스템으로 변화하고 있다고 보면 될 것 같습니다. 그리고 업계 추세가 상반기의 야근에 대한 보상을 하반기에 유연 근무나 단축 등으로 돌리는 분위기가 있습니다.

주 4회근무 1회 재택도 요즘은 많이 하더라구요. 신입때 당장의 워라밸은 힘들지만 경력이 되고 업무를 어느정도 할 수 있는 때가오면, 워라밸은 스스로 챙길수 있는 환경이라고 생각해요.

01 처음 업체를 받았습니다. 어떤 업무부터 시작과 정리를 하면서 해야 하나요?

 만약에 각 업체별 인수인계서를 받은게 없다면 한 업체씩 파악을 한 인수인계서 작성을 우선 합니다. 두 번째로 전 거래처의 업체별 특성이 한눈에 보이는 기장 업체 리스트를 작성합니다. 그 후에 앞으로 할 일을 위해서 총 5가지 표를 만듭니다.

해설

1) 기장 체크현황표

2) 원천세신고상황표

3) 부가세신고상황표

4) 법인세신고상황표

5) 종합소득세 신고상황표

라고 해서 각 신고별로 신고서가 나와야 할 업체를 확인할 수 있는 표를 만들고, 매 신고마다 신고하면서 신고서가 마감이 되었는지, 전자신고는 제대로 들어갔는지? 마감을 검토하는 일을 반복합니다.

만약에 회사에 따로 작성하라고 주는 표가 없다면 QR링크를 통해서 다운 받으셔서 업무에 적용해보세요.

SCAN HERE

택스마드레
@taxmadre

02 신규기장업체가 들어왔을 때 준비해야 하는 서류와 업무는 무엇이 있을까요?

회사내 직원이 하던 업체를 받는게 아니라 회사에 신규로 온 거래처의 기장업체를 맡게 되는 경우가 있습니다. 전반적인 신규거래처가 회사에 들어왔을 때 해야할 일에 대해 설명을 해볼께요. 주로 세무사님이 거래처와 기장 계약을 체결하실텐데요. 그때 주고 받는 서류들은 다음과 같습니다.

해설

기장계약시 필요한 기초 서류

1번 기장계약서(기장료, CMS출금 경우 통장계좌번호)
2번 사업자등록증 사본
3번 대표자 연락처 상호
4번 대표자 성함
5번 대표자 주민등록번호

이중에서 실무자에게는 기장계약서를 제외한 나머지 자료를 주시면서 (사업자 등록증, 대표자 연락처) 업체 세팅을 하라고 합니다. 우선 홈택스에 기장대리 수임납세자 등록을 하고 거래처에 추가로 안내할 내용은 다음과 같아요.

1) 홈택스 수임동의 방법
2) 홈택스ID 및 PW 요청
3) 홈택스 사업자 카드 등록 여부 체크 (법인 제외)
4) 여신금융협회 카드매출조회서비스 ID 및 PW
5) 세금계산서 받으실 이메일 주소

6) 사업장 전화번호 및 FAX 번호

7) POS 기기업체 상호 및 전화번호

위 자료들을 요청을 하시고, 신규기장업체는 2가지 유형에 따라 업무 방식을 다르게 하면 되는데요.

① **이관의 경우**

(계속사업자인데 다른 세무회계사무실에서 우리사무실로 기장사무실을 바꿀 때)

회계전산파일을 넘겨받습니다. 주로 이메일로 와요. 인수받은 전산파일을 우리회사 전산프로그램에 데이터 백업파일 변환방식을 통해 거래처를 생성합니다. 기존 자료들이 잘 넘어 왔는지 확인하고 과거 자료가 (몇 년도) 열리는지 꼼꼼히 검토, 데이터가 안보이는 경우 다시 재요청도 합니다.

이관업체에서 보내준 추가 자료들도 잘 왔는지 검토 후 인수인계서에 받은 것을 모두 체크합니다. 전산파일, 거래처 과거 파일의 검토가 완료되면, 우리회사 인증서와 연동이 될수 있게 회계프로그램에서도 인증서 연동을 해주시고 거래처의 홈택스 ID/PW를 입력하고 스크래핑이 오류없이 작동되지는 확인하면 됩니다.

② **사업을 처음 하시는 신규사업자의 경우**

홈택스 수임동의 완료 후 회계프로그램에 새로운 거래처방을 만듭니다.(사업자 등록증에 있는 정보들을 모두 입력하면 됩니다.) 그 후 이관업체 세팅한것과 마찬가지로 홈택스인증서, 홈택스 ID/PW등을 회계프로그램에 등록을 하여 오류가 없이 잘 작동되는지 확인 후 기장을 시작하면 됩니다.

03 사업용 신용카드와, 기타 카드의 차이의 내용은 무엇인가요?

우선법인신용카드는 그냥 법인카드라고 불러요.법인카드는 사업을 위해서만 써야 하는 카드다고 많은 사업자분들이 인식을 합니다. 사업용 신용카드는 개인사업자 분들의 카드를 구별하는 이름인데요. 개인사업자분들은 사업을 하실 때 급여를 가 져가시는게 아니라 사업에서 버신돈을 개인의 생활비로 사용 하실 수 있어요. 그치만 생활비로 사용하시는 금액은 사업자의 재무제표에는 경비로 넣어서는 안됩니다.

해설

그래서, 국세청에서는 개인사업자의 신용카드소비를 사업용, 기타로 나눠서 관리 할수있게 권장하고 있어요. 그리고 사업용 신용카드를 홈택스에 등록할 수 있게 시스 템을 만들어 두었습니다. 홈택스에 개인사업자가 사업용 신용카드라고 등록을 하면, 기 장하는 세무사무실에서도 회계프로그램으로 바로 연동이 될 수 있도록 시스템을 구축 해서 업무를 편하게 만들어 두었구요, 국세청에서는 이 사업자가 사업할 때 이정도 비 용을 쓰는군! 하고 이 회사의 이익을 파악하는 자료로도 쓰이죠.

또한 부가세 신고를 할때도, 홈택스에 등록되어있는 카드만 사업용 신용카드로 입 력을 하게 해서 실제 홈택스에 연동된 카드랑 부가세신고 내역을 검토를 합니다. 그래 서 홈택스에 등록이 안된 카드의 경우는 기타 카드로 등록을 해서 신고를 하게 만들어 두었어요.

이렇게 국세청에서도 개인사업자 카드를 나눠서 관리하다보니, 거래처 대표님들 에게도 사업용 신용카드를 홈택스에 등록하시라고 이야기를 많이 드리는데요. 그렇다 면, 카드를 만들 때부터 사업용신용카드를 만들어야 하는거냐? 도 자주 물어보시더라 구요. 꼭 그렇진 않구요. 어떤 카드든 사업주 명의의 카드를 홈택스에 등록만 하면 사업 용 신용카드라고 보면 됩니다. 혹시 신용카드만 되는거냐 물어보시는분도 있는데요 체 크카드도 됩니다.

홈택스 사업용 신용카드 등록

Search... 전자(세금)계산서 > 현금영수증.신용카드 > 사업용신용카드 > 사업용신용카드 등록 및 조회

≡ 전자(세금)계산서 · 현금영수증 · 신용카드 ∨ 신용카드 매입 **사업용 신용카드 등록 및 조회** ☆

◉ 사업용신용카드 등록

◎ 개인신용정보의 제공 동의서 내용접기 ◎

- **[사업용 신용카드 등록제]란?**
  - 개인사업자가 사업 물품을 구입하는 데 사용하는 신용카드를 국세청 홈택스 홈페이지에 등록하는 제도입니다.
- **사업용 신용카드 등록제 이용시 혜택**
  - 사업자는 부가가치세 신고시 매입공제를 받기 위한 신용카드매출전표 등 수취명세 작성이 폐지됨에 따라 시간과 비용이 대폭 감축됩니다.
- **동의내용**
  - 「금융실명거래 및 비밀보장에 관한 법률」 제4조 및 「신용정보의 이용 및 보호에 관한 법률」 제32조 및 33조의 규정에 불구하고 본인이 국세청에 등록하는 사업용신용카드의 거래정보자료를 신용카드업을 영위하는 자가 국세청장에게 제출하는 것을 동의합니다.

상기 내용에 대해 ☐ 동의함

사업자등록번호		상호	문라이트 A&T 학원

◎ 사업용신용카드번호

* 카드번호(최대50장) [선택 ∨] [ ] - ⊛ - ⊛ [ ]

✕ 대표자 또는 기업 명의의 신용카드 · 체크카드만 입력해 주십시오.

◎ 휴대전화번호

* 휴대전화번호 [010 ∨] - [ ] - •••• ⊛ [수정하기]

✕ 카드번호 오류시 SMS발송을 위한 휴대전화번호를 반드시 입력해 주십시오.

✕ 카드번호를 모두 삭제시 휴대전화번호도 삭제됩니다.

[등록접수하기] [취소하기] [조회하기]

◉ 사업용신용카드 등록내역 [선택항목 삭제]

☐	카드구분	카드번호	등록요청일	카드확인일	처리상태
☐			2023-08-31	2023-09-07	등록완료
☐			2023-08-31	2023-09-07	등록완료
☐			2023-08-31	2023-09-07	등록완료

1 총3건(1/1)

✕ 처리상태가 '확인요청중' 일 때는 삭제될 수 없습니다.

사업자의 홈택스 ID/PW로 접속해야만 입력이 가능합니다. 이 화면에서 등록된 카드내역도 확인할 수 있어요.

04 신용카드 이용내역을 카드회사에서 받았는데요. 카드업로드시 부가세 공제 기준을 어떻게 잡아야 하나요?

신입으로 입사하여 부가세 신고를 할 때, 홈택스에 사업용신용카드로 등록이 안된 카드를 받아서 입력하는 경우가 있습니다. 카드사에 따라서 부가세금액을 나눠서 주는곳도 있고, 나눠서 주지 않는곳도 있고 다양합니다. 자세히 보다보면, 공제가 되는거 같은데 부가세가 구분이 안되는 거래도 있고, 부가세 공제가 안될꺼 같은데 공제로 되어 있는 경우도 있어요.

해설

결론을 말씀드리자면, 다 믿을수는 없어요. 이런 경우는 세법상 공제 불공제 기준을 가지고 공제받을 것 받지못할 것을 먼저 나눕니다. 그후 더 큰의미로 부가세공제의 기준이 되는 일반사업자, 간이과세자, 면세사업자를 골라서 관련 거래영수증은 공제받지 않는정도만 업무를 해주면 되요.

사업자의 과세유형은 각 회계프로그램의 V-BOT(세무사랑) mri(더존)검토를 통해 골라낼 수 있습니다. 그러니 세법상 업체별로 공제받을 수 있는 항목인지 체크후 카드부가세 공제분 전표전송을 하고 추후에 사업자 유형으로 인해 공제가 안되는 것들은 일반전표로 재전송하는 방식으로 업무를 하시면 됩니다.

05 음식점이 식자재를 카드로 면세와 과세를 같이 구입했을 때 의제매입을 받으려면 어떻게 입력해야 하나요?

 신입분들이 많이 받는 거래처 중 하나가 음식점이죠. 음식점은 면세 물품을 사더라도 일부분을 부가세로 공제해주는 제도가 있습니다.(의제매입세액공제라고 해요) 면세 계산서를 받으면 좋은데, 카드로 과세 면세 같이 구매했을 경우 프로그램에서는 같은 카드를 두 가지 거래로 분류를 하지 못합니다.

해설

그런 경우 전표의 하단 분개를 통해서 면세와 과세를 나눠주면 되냐는 질문을 많이 하시는데요. 확실하게 사업용으로 산 식자재가 맞고, 면세 의제매입세액공제를 받으시려고 하시는 경우라면 (회사에 방침도 확인 꼭 하세요) 카드를 과세랑 면세를 각각 나눠서 2번 입력하시면 되세요.

과세 1장, 면세 1장. 단 실제 카드결제한 영수증과는 다르니, 분리하여 입력한 카드 실제 원본은 꼭 내부 보관 하셔야 되세요.

06 매입매출이 한눈에 보이는 자료가 있나요?

 사업자분들이 매출과 매입을 보고 싶다고 이야기하시는 경우가 있는데요.
그런 경우는 원하시는 기간을 설정하고 매입매출장을 조회하여 출력해서 보내주시면 되십니다.

07 거래처에서 4대보험 관련 문의를 하는데 어디로 연락을 해야 하나요?

 4대보험의 경우 각 공단별 담당자가 있습니다. 4대보험정보연계센터 〉 정보마당 〉 4대보험기관 지사찾기를 통해 거래처의 담당 지역을 검색하면 담당자와 연락처 팩스번호가 나옵니다. 그 번호로 연락을 해서 담당자와 연결후 문의사항을 물어보시면 되십니다.

해설

 Search... 4대보험정보연계센터 〉 정보마당 〉 4대보험기관 지사찾기

08 프로그램에서 마감 오류가 납니다. (전자신고 오류 등) 이런 경우는 어떻게 해결해야 하나요?

 프로그램 오류 전산관련 오류는 각 전산을 만드는 곳에다 물어봐야 해요. 홈택스, 위택스의 경우 에도 전자신고를 할 때 에러가 난다면 관련 전산 고객센터에 연락을 해서 물어봐야 합니다. 사수도 이론이나 프로그램 기본 사용법에 대한건 알려줄수 있어도 모든 오류를 알고 있을수는 없어요. 그리고 세법이 개정되면서 아직 업데이트가 안되서 생기는 오류들도 있답니다. 특히 신고기간에요.

해설

물론 사수분들이 바로 답을 해줄 수 있는 부분도 있지만, 만약에 내부에서 해결이 안되는 경우라면 바로 프로그램 고객센터로 연결해서 스스로 오류를 잡을 수 있도록 액션을 취해야 합니다.

오류 해결 방법

- 위하고 : 위하고 사이트 > 온라인 문의하기 > 메일로 답변 옴(전화통화가 안되는 불편함이 있음)
- 세무사랑 : 세무사랑 홈화면 > 담당 지사연락 or 케이렙 공식카페 비슷한 문의 검색
- 홈택스 : 126 > (1번) 홈택스 전자상담
- 위택스 : 110 > 지방소득세 문의

09 내 거래처의 기장료가 궁금해요. 어떻게 알 수 있나요?

담당하시는 거래처의 매입세금계산서를 보면 우리회사이름으로 매달 끊기는 세금계산서가 있어요. 그 매입세금계산서가 기장료금액 이랍니다. 더불어 내가 맡고 있는 업체의 총 기장료를 매월 계산해 보는것도 추천하는데요. 거래처별로 매월 기장료를 하나씩 확인하고 엑셀로 따로 정리하여 총 합계를 놓아보시면 됩니다.

해설

회사의 관리자가 아니더라도 기장료합계를 정리하는 작업을 해보는 이유는 내가 회사수익에 얼마만큼 도움이 되는지 알 수 있고, 나아가서는 연봉협상을 하실때도 어필을 하실수 있기 때문입니다. 월급보다 기장료가 적다 하시면 월급이 많이 못오를 경우가 있으니 체크해 보시는걸 추천드려요.

10 첫 거래처로는 업체는 몇 개정도가 적당한가요?

배운 것을 습득 하면서 할 수 있는 개수는 20개~30개 정도라고 생각합니다. 하지만 세무사무원분들과 이야기를 해보면 30~40개 정도 선이 가장 많은 거 같습니다. 세무사 · 회계사님에게 의견을 드리자면, 신입에게 입사하고 40개 정도의 업무를 주면 신고서만 급급하게 쳐내고 실력이 향상이 안됩니다.

해설

만약 신입을 채용하는 목표가 앞으로 3~4년 후에도 우리회사에서 일할 인재 양성이 목표라면, 아직 도움을 받아서 업무를 해야 하는 신입에 많은 거래처는 결국 퇴사를 선택하게 되는 지름길이라고 생각합니다. 장기적인 관점을 가지고 신입분들을 채용하셨으면 좋겠습니다.

01 세무회계사무실에서 엑셀은 어느정도 쓰나요? 어떤 함수를 많이 쓰나요?

 요즘 갈수록 엑셀을 사용하는 빈도는 높아지고 있습니다. 예전에는 입력을 하는 게 주 업무였다면, 요즘 엑셀로 오는 자료를 편집하는 용으로 엑셀을 많이 씁니다. 기본적으로 세무대리인들은 합계를 놔야하는 경우가 많아요. 원천세나 부가세 등 모든 세목 에서 '총합'을 구해야하는 업무가 많습니다. 신고서를 전송해도 몇 개를 전송했는지 파악 해야하구요.

해설

그리고 회계프로그램, 홈택스가 우리가 한작업물을 엑셀로 변환을 많이 해줘요. 그러다보니 업무 검토를 할때도 엑셀을 많이 씁니다. 자주쓰는 함수로는 가장 기본적인 합계를 내는 (sum, sumif), 개수를 세는 (counta, countaif) 함수, 같은 거래끼리 묶을 때 쓰는 피벗테이블, 원단위 절사를 시키는(roundown, -1) 등의 함수를 가장 많이 씁니다.

엑셀 서식을 한 장으로 깔끔하게 뽑는 한페이지에 시트 맞추기 인쇄법도 많이 쓰구요. 가장 중요한 것은 엑셀툴이 아니라 합계를 잘 낼 수 있는 도구로 잘 활용하는게 포인트입니다.

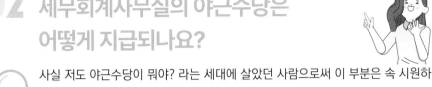

02 세무회계사무실의 야근수당은 어떻게 지급되나요?

사실 저도 야근수당이 뭐야? 라는 세대에 살았던 사람으로써 이 부분은 속 시원하게 말씀드리기가 어려운점이 슬프기도 합니다. 하지만 관행처럼 지금까지 내려오는 문화라고해서 계속해서 이어져야 하는 것은 아니라고 생각해요. 제가 신입이였을때는, 사회적인 분위기가 일을 배우려면 시간과 상관없이 일을 알려주니까 감수해야해 라는 분위기였고, 그 분위기 그대로 일을 하고 실력을 키웠었습니다. 하지만 시대가 변했고, 그 시대에 맞게 세무업계도 맞춰가야 한다고 생각합니다. 야근수당까지 다주면 남는게 없다라는 세무사님들도 계실텐데요. 해답은 서비스 가격에 있죠.

해설

최저임금이 오르면, 상품을 파는 사람들은 인건비 인상을 이유로 서비스 가격을 올립니다. 기장료는 물건이 아닌데 어떻게 올리는지? 라는 의문이 든다면, 제가 자주가는 미용실, 아이들 학습지 가격 인건비가 주매입인 서비스업은 물가상승률을 감안하여 모두 가격인상이 되었습니다. 사람을 쓰지 않아도 되는 기장 시스템이 만들어지지 않는 이상은 사람이 하는업무도 인건비 인상폭을 감안하여 올라가야 한다고 생각해요.

가끔 일을 가르쳐 주는데 왜 시간외 수당을 줘야하냐? 라는 말을 하는 경우가 있는데요. 고용의 기준, 적어도 신입에게 주는 최저임금은 월 209시간으로 책정이 되어 있습니다. 그럼 시간이 넘어서까지 회사에서 근무를 하면 당연히 추가 수당을 주는게 맞다고 생각해요. 최저임금은 시간 값입니다. 경력자들이야 상여 받는 게 있어서 계산해 보고 야근수당 받았다 생각하니까 이의를 달지 않는 것 뿐이지 지금 업계의 이 관행이 맞다고는 생각하지 않습니다. 앞으로 세무 사업이 계속 지속되길 바라고, 1인 사무실의 운영이 아닌, 세무사무원들과 함께 회사를 운영하고 싶은 대표님들이 있다면 야근수당에 관한 관행들은, 바로 잡혀야 할 부분이라고 생각합니다. 그리고 회사마다 야근수당비를 계산하고 상여를 주지 않는 사무실, 야근수당은 별도, 상여도 주시는 사무실도 있습니다.

03 AI시대, 세무사무원직업 계속 할 수 있을까요?

세무사무원뿐만아니라, 창작의 영역이라고 손꼽히는 그림, 글쓰기, 번역 등 많은곳에서 AI가 기본적인 일을 대체하고 있어요. 회계나 세무는 창작의 영역도 아니고 어떻게 보면 차변 대변이라는 정확한 결과값을 넣어서 만들어내는 서비스입니다. 당연히 세무업계도 훨씬 더 많이 영향을 받을꺼라고 생각합니다.

해설

사실 그래서 통장을 입력하지 않는 개인사업자의 재무제표를 만드는 실무를 많이 하시는분들자리를 제일 먼저 AI가 자리를 뺏어갈꺼라고 생각해요. 단순율, 기준율, 간편장부 개인 장부순으로 훨씬 저렴한 가격으로 시장을 장악할것으로 예상합니다. 그러면 법인기장을 하는 업무를 해야하는데 법인 기장을 잘 하려면 손익보다 재무제표쪽 숫자를 만드는쪽에 좀 더 관심을 가지시는게 좋습니다.

아직은 신입이라 무슨소리지? 하실수도 있는데요. 이 일을 하다보면, 저처럼 그냥 이일이 재밌고 지속하고 싶은 생각이 드시는분들이 계실꺼예요. 그럼 회계쪽(기업의 돈의 흐름) 관련 업무를 좀 더 깊게 공부하다보면 롱런할 수 있는 길이 보일꺼라고 생각해요. 저 또한 세무사무원 일을 하면서 그 준비를 병행하고 있구요.

04 세무사무원의 장점은 뭔가요?

세무사무원의 장점은 업무의 한 부분이 아닌 전체를 할 수 있다는 게 가장 큰 장점 인거 같아요. 사람들은 대기업을 좋아하잖아요. 하지만 대기업에 가면 회사에 큰 프로젝트 중에서 일부분을 하게 되는 경우가 많아요. 그래서 일의 전체를 그리고, 해결해 나가는 일에 취약합니다. 왜 대기업을 퇴사하면 묻지마 치킨집을, 프렌차이즈에 손대시는 분들이 많을까요? 일을 처음부터 끝까지 어떻게 해야하는지 회사에서 배우지 않았기 때문입니다. 대부분 관련 부서에서 해줬으니까요. 세무회계사무실은 경력자가 되면 될수록 나의 거래처를 온전히 처음부터 관리하고 신고서 까지 뽑아냅니다.

해설

물론 최종결재를 세무사님께서 봐주시긴 하시지만 거래처와 소소한 이슈나 문제들을 해결해 나가면서 의사결정을 할 수 있는 기회들이 많이 생깁니다. 그뿐인가요. 마감이라는 거대한 벽을 두고, 어떻게 하면 마감을 빠르게 할지? 계획, 전략 세우면서 일을 하죠. 물론 그렇게 일하지 않는 사람도 있을수 있지만, 야근을 적게하는 노력을 하다 보면 일머리가 자연스럽게 생깁니다.

사실 일할때는 죽도록 힘든 일이기도 합니다. 하지만 언젠가 회사를 그만두고, 나의 일을 해야할 때가 오는데요. 모든 부분에서 결정을 내릴 수 있는 연습을 많이 한 것, 업무 스케줄을 스스로 짜서 해본 실력이 삶 전체에 도움이 된다는 것을 요즘 제가 느낍니다. 이 직업을 선택하신 분들도 나중에 꼭 이 일터가 주는 장점을 활용하실 수 있을꺼라 생각해요.

05 이 일이 전문직이라고 하던데, 경력은 어떻게 관리하는 것이 좋을까요?

 사실 저도 '이일을 오래해서 경력을 쌓고싶다'라는건 이뤘는데 다양한 회사를 경험하면서 커리어를 쌓진 못했습니다. 사실 일이라는게 꼭 업무적인 성과만 탑을 찍는 게 올바른 커리어라고는 생각하지 않지만 업무력만 봤을 때 내가 다시 저연차로 돌아간다면 걷고 싶은 길을 한번 그려볼께요.

해설

우선 3년은 한 사무실에서 버틸꺼 같아요. 신고서 만드는 방식을 한 사무실에서 마스터 할때까지 배우는건 동일할거 같아요. 그리고 경력이 되면, 외부감사업체를 받는 업체가 많은 회사로 이직을 도전했을꺼 같아요. 사실 세무사라는 직업으로는 한 업종의 전문성을 키우는게 좋겠지만 세무사무원으로써는 한 업종에만 치우치지 않는 경력을 가꾸는게 제일 좋다고 생각해요. 그럼 어떤걸 해봤을 때, 아.. 이사람 실력 좀 있겠네? 라는 소리를 들을까? 생각해보면. 저는 큰 업체를 많이 다뤄본 사람이 아닐까 싶더라구요. 우리나라는 기업의 장부를 외형을 기준으로 나누고, 세무사무실에서 다룰수 있는 최고의 장부는 외부감사대상 장부라고 생각해요. 그래서 그 장부를 해본 경험을 쌓으면 실무적으로 내가 부족할까? 류의 불안함은 덜 하지 않을까 싶습니다.

그리고 직급으로는 관리자까지 꼭 가보시는 것을 추천해요. 사실 관리자가 나에게 안 맞는 옷일수도 있어요. 저도 그랬거든요. 하지만, 신입일 때, 경력직일 때, 관리자일 때, 같은 사무실을 다니더라도 해야하는 업무, 보이는 것 들이 많이 다르더라구요. 같은 회사를 다니더라도, 다른 생각을 하는 회사의 구성원들을 이해하는데도 도움이 많이 됬구요. 이 모든 경험을 해보고, 업무와 삶에 적용을 했더라면 경력관리에 후회는 없을 것 같아요.

06 연차가 차서 물경력이라는 소리를 듣지 않으려면 어떻게 해야할까요?

우선 3년까지 법인개인 조정 개인의 경우는 신고서를 작성하는 경우의 수가 많은
데요. 신고서 작성하는법을 다양하게 배우는걸 우선으로 생각하고 근무를 하는게
좋아요.

해설

원천이나 법인은 장부유형이 크게 다르진 않은데 종합소득세의 경우 신고서를 만
드는 방법이 다양해요. 신고유형만봐도 최소 5개구요(단순율, 기준율, 간편장부, 자기
조정, 외부조정). 합산소득을 계산하는것도 많습니다(근로소득,이자, 배당 등). 신고서
를 만들어 봤는지 아닌지, 체크하시면서 업무를 하시면 좋구요. 신고서 만드는법을 어
느정도 해봤다 싶으면 그 후에는 다양한 업종을 기장하는 경험, 공제 감면 적용을 하는
업체들을 하면 좋습니다.

할 줄 아는게 많아지는게 물경력으로 가지않는 길이겠죠? 그리고 이직시에 물경
력이다 라고 평가하는 기준은 한 개의 신고서 방법만 안다던지, 한개업종만 많이 해본
것(주로 프랜차이즈 음식점 등) 결산업무만 해서 조정을 못한다면 이직할때 물경력 소
리를 들어요.

07 실무를 잘하려면 어떻게 해야할까요?

제가 생각하는 실무를 잘한다는 것은, 세법이론을 회계 프로그램의 숫자로 구현해 낸 장부를 만드는 법을 아는 사람이 실무를 잘한다는 생각이 들어요. 실제 장부를 펴보면 각 계정별 마이너스가 엄청 나는데 재무제표 숫자만 예쁜 장부들이 있습니다. 그런건 물장부구요. 몇 번의 차 대변의 거래를 FM으로 맞춰가며 어이없는 음수없이 재무제표를 만드는 방법을 익혀야겠죠.

해설

즉 거래처에 발생한 거래내역을 차 대변 맞추게 정리하고, 문제 될만 한것들 체크 해서 계정과목으로 이동시킨후 재무제표를 만들어 낼수 있는가? 가끔 세법만 공부하다 보면, 거래내역만 끌어오면, 이론상 이렇게 회계프로그램에서 만들어지지 않을까? 가 볍게 생각하는 경우가 있는데요. 생각보다 회계 처리에서 막히는 부분이 많답니다. 다 끌어오니까 할꺼 없지 않아? 라고 말하는 사람은 실무를 안해본 사람들이예요.

그럼 잘하려면 어떻게 해야하나요? 물장부가 아닌 장부를 많이 만들어 봐야겠죠! 현장에서 거래처들과 소통하고, 사업관련 이슈들을 차 대변으로 넣어보고, 조사도 받 아보고 문제가 되는부분을 정리하는 방법을 터득하다보면 실무능력은 올라간다고 생 각해요.

기타

08 세무사무원으로 연봉은 얼마까지 받을 수 있을까요?

연봉은 3년차 이상 3천 정도부터 ~ 팀장급은 9천이상 까지도 있었습니다. 굿택스 카페에 "나의 연봉현황 공유표" 라는 게시판을 보면서 저도 정보를 얻고 있어요. 높은 연봉을 받으려면 실무 능력은 물론 신고서 검토, 결재 업체 대응 등이 가능할 수록 더 높은 급여를 받을 수 있구요.

09 일반회사로 이직은 어떨까요?

세무사무원으로 시작해서 일반회사로 이직계획 세우시는 분들도 많은것으로 알아요. 누구나 한번쯤 하는 고민이죠. 저또한 중소기 업 경리(사무보조)를 하다가 넘어온 케이스인데요. 저는 세무사무원이 더 적성에 맞다고 판단을 했어요. 일도 그렇지만, 일반회사와 세무회계사무소는 기업 분위기 나 일하는 환경이 다른점도 있더라구요.

해설

그 부분이 사람에 따라 잘 맞는사람 적응이 힘든사람 등 우리모두는 고유한 특성 을 가지고 있기 때문에 나에게 맞는건 나만 알수 있는거 같아요. 만약에 이직이 쉬운 나 이라면 저는 일반회사로 이직도 한번 도전해보는것을 추천해요.

뭐든 다른사람의 말보다는 내 경험이 우선이니까요. 그리고 세무사무원의 장점은 경력텀이 있더라도 재취업이 쉽다는 장점이 있잖아요. 돌아왔을 때 이업이 나에겐 천 직이구나 라는 생각을 하실수도 있답니다.

10 세무사 · 회계사 자격증 도전은?

세무사무원일을 하다보면 세무사 자격증을 공부해볼까? 생각하는 사람도 많죠. 저 개인적으로도 세무사나 회계사가 하는일을 회사에서 모두 하고 있으며 직업으로도 오래하고 싶다면 자격증에 도전하는것을 추천해요. 당연한 말이지만 직원으로는 아무리 열심히 일해도 금전적으로 받을수 있는 금액이 한계가 있는 직업이니까요.

해설

세무사나 회계사가 돼서 일을 한다면 내가 한만큼 수익도 가져갈 수 있습니다. 물론 영업력도 필요하지만요. 저도 생각을 안해본건 아니랍니다. 나는 이 일에서 뭘 좋아하는걸까? 생각해 본적이 있는데요. 기장업무는 재밌는데 사실 양도세 재산세 상속세 등의 세금신고는 별로 관심이 안 생기더라구요.(사실 세무사자격증을 따려면 해야하는 영어공부가 자신이 없는것도 사실이구요.)

여튼 세무사무실 운영에도 관심이 있다면 시간이 걸려도, 자격증 시험을 보는일은 꼭 해야하는 일이라고 생각해요. 시작이 세무사무원이라고 해서, 한계를 두진 않으셨으면 좋겠습니다. 이책을 읽으신 분들은 어디까지 두고 커리어를 그려나가실지 무척이나 궁금해집니다.

언제나, 저는 세무사무원으로 출발을 하는 여러분들의 빛나는 커리어를 응원합니다.

에필로그

세무사무원 신입 오리엔테이션을 마치며

이 책은 신입 세무사무원의 질문에서 시작되었다고 말씀드렸습니다. 처음 시작은 타인의 질문이었지만 이 책을 쓰면서 저의 신입 시절도 다시금 꺼내 보게 되었답니다. 생각보다 기억이 생생하다는 것에 놀랐습니다. 제대로 된 사수를 만나기까지 저도 회사에서 주어진 길로만 걸었던 것은 아니더라고요.

다시 실패하고 싶지 않아서 간절했고, 그 간절함을 사수에게도, 그리고 회사 동료들에게도 적극적으로 표현했던 거 같아요. 그렇게 저의 신입 시절은 시작되었죠. 신입 직원을 맞이하게 된 입장으로 사수의 입장도 살포시 담아 보았고요. 취업해서 회사에 와서 업무를 시켜봤던 경험, 특성화 고등학교에서 도제교육을 하면서 피부로 느꼈던 경험도 담았습니다. 자격증 공부만 한 친구들이 바로 실무 업무를 접했을 때 어려워하던 부분들에 대한 데이터가 쌓여 있었기에 실무 맛보기 챕터를 더 자세하게 다룰 수 있었습니다.

고객 응대는 어려워요. 경력이 10년이 훨씬 넘은 저도 이 일을 하면서 고객 응대가 힘들 때가 많습니다. 가끔은 하루의 기분을 엉망으로 잡아먹을 때도 있었습니다. 그러니 신입분들께는 분명 고객 응대의 스트레스가 더 크겠죠. 하지만, 제가 직장생활에 있어 최후 커리어의 롤모델로 생각하는 최인아 작가님의 책《내가 가진 것을 세상이 원하게 하라》를 보면, 애쓰고 애쓴 것은 사라지지 않는다는 이야기를 하시더라고요. 제가 세무사무원 일을 하면서, 수많은 고객분들과 응대하는 시간을 거쳐, 10년 후 세무사무원의 커리어 정점에 와보니 그 애쓴 시간이 쌓여 이렇게 말로 글로 누군가를 설득할 수 있는 능력을 가진 사람이 되어 있었습니다.

여러분들도 막연하기만 한 신입 시절을 열심히 보내며 저와 같이 성장하시길 바라는 마음으로, 최대한 실무 언어와 실무 방법을 이 책에 꾹꾹 담아 보았습니다.

요즘 세무사무실은 신입직원에게 시행착오를 겪어나갈 시간을 많이 주지 않습니다. 경험하며 제대로 실행하기엔 시간이 필요한데도 말입니다. 세무사무원으로서의 첫 출발을 준비하는 분들이 이 책을 만나서 회사에서 덜 깨지고, 똑똑하게 성장을 하는 데 도움이 되길 바랍니다.

저 또한 이 한 권의 책을 쓴 것에서 그치지 않고, 진짜 실무에 도움이 되는 콘텐츠를 만들고, 온라인과 오프라인 코칭을 통해 지금처럼 활발하게 소통하려고 해요. 현장에 가깝게 다가갈 수 있도록 저에게 고민과 회사생활이야기를 나눠주시는 모든 세무대리인분들에게 감사의 인사를 드립니다.

이 책으로 실무를 시작하시게 될 여러분의 슬기로운 세무사무실 생활도 응원합니다!

'3년 후에도 세무사무실에서 당신을 볼 수 있길 바라며'

택스마드레